इटावा जनपद की सीमावर्ती बोलियों का भाषा-वैज्ञानिक अध्ययन

इटावा जनपद की सीमावर्ती बोलियों का भाषा-वैज्ञानिक अध्ययन

प्रो. रामशंकर कठेरिया

प्रभात प्रकाशन, दिल्ली
ISO 9001:2008 प्रकाशक

प्रकाशक • **प्रभात प्रकाशन**
4/19 आसफ अली रोड,
नई दिल्ली-110002

संस्करण • प्रथम, 2016
मूल्य • दो सौ रुपए
मुद्रक • आर-टेक ऑफसेट प्रिंटर्स, दिल्ली

ETAWAH JANPAD KI SEEMAVARTI BOLIYON KA BHASHA-VAIGYANIK ADHYAYAN

by Prof. Ram Shankar Katheria ₹ 200.00
Published by Prabhat Prakashan, 4/19 Asaf Ali Road, New Delhi-2
e-mail: prabhatbooks@gmail.com ISBN 978-93-5186-580-3

आभार

आज जब मेरा यह शोध अध्ययन पूर्ण होने की स्थिति में है, मुझे अपने गुरुजनों, शुभचिंतकों एवं मित्रों के सहयोग का स्वाभाविक ध्यान आ रहा है, जिनके बिना यह कार्य पूर्ण नहीं हो सकता था। इस शोध कार्य के प्रेरणास्रोत एवं कर्मक्षेत्र स्नातकोत्तर महाविद्यालय, इटावा में हिंदी विभाग के प्राध्यापक डॉ. विद्याकांत तिवारी ने सतत मार्गदर्शन कर मेरे अध्ययन की दिशा निर्धारित की है। शोध-प्रबंध के प्रारंभ से उसके संपूर्ण होने तक डॉ. तिवारी ने पग-पग पर मुझे प्रोत्साहित किया है। कृतज्ञता-ज्ञापन की औपचारिकता निभाकर मैं उनसे उऋण नहीं होना चाहता।

श्री कमलेशजी, महानगर प्रचारक, जालंधर (पंजाब), मेरे मित्र श्री भीमराव अंबेडकर, फर्रूखाबाद के विभाग प्रचारक मा. रमेशजी, इटावा के जिला प्रचारक श्री महेश कुमार, श्री क्षत्रशाल सिंह, श्री शिवराम त्रिवेदी, श्री विनोदचंद पांडेय, बहन शारदा पांडेय, डॉ. महेश महेरे, श्री प्रसिद्धनाथ तिवारी, मित्र भगवान सिंह असरोही, श्री चंद्रशेखर, श्री प्रशांत सहित अनेक शुभचिंतकों और मित्रों ने समय-समय पर आनेवाली कठिनाइयों का निराकरण तो किया ही, मेरा उत्साह भी बनाए रखा। ये सभी मेरे इतने निकट हैं कि उनके प्रति कृतज्ञता प्रकट करना मात्र ही पर्याप्त नहीं होगा।

यह कार्य पूर्ण नहीं हो सकता था, यदि राष्ट्रीय स्वयंसेवक संघ, ब्रज प्रदेश के प्रांत प्रचारक मा. दिनेशजी, क्षेत्रीय सेवा प्रमुख मा. श्री कृष्ण दास महेश्वरी तथा पूज्य पिताश्री सोने लालजी ने हर कदम पर सहारा न दिया होता। मैं इन सबको श्रद्धानत् होकर प्रणाम करता हूँ!

भाषा सर्वेक्षण की अवधि में श्री गजेंद्र सेंगर (ततारपुर), श्री समर सिंह चौहान (औरैया), श्री राकेशजी, तहसील प्रचारक (औरैया), श्री सुभाषजी (लहरापुर), श्री राम किशन (उपरेंगा), श्री जयराम वर्मा (याकूबपुर), श्री चंद्रशेखर शास्त्री (बेला), श्री मुकुट सिंह यादव, प्रधान (सवाद), श्री महेंद्र कुमार मिश्रा (विधूना), श्री रामवीर यादव (मैनपुरी), श्री राज बहादुर (कटैया रामपुरा), श्री संतोष उपाध्याय (औढ़मपुर), श्री

मान सिंह जादौन, बहन विनीता जादौन, श्री राम नरेश शर्मा (जसवंत नगर), इटावा सदर के तहसील प्रचारक श्री भवानी सिंह ने बोलियों के नमूने एकत्र करने में भरपूर सहयोग किया। मैं उनका हृदय से आभारी हूँ। शोध-प्रबंध के लेखन की अवधि में कु. निवेदिता तिवारी (वनस्थली विद्यापीठ, राजस्थान), श्रीमती चक्रवती शुक्ला तथा श्रीकांत शुक्ला का भरपूर सहयोग मिला। मैं उनके प्रति कृतज्ञता प्रकट करता हूँ।

इसके साथ मैं शोध-प्रबंध के टंकण सहयोगियों श्री गोविंदवल्लभ गौड़, श्रीमती मंजू लता गौड़ एवं कु. कामिनी अग्रवाल, गौड़ कॉमर्शियल इंस्टीट्यूट, राजा मंडी, आगरा का भी हृदय से आभारी हूँ, जिन्होंने अपने प्रयास से शोध-प्रबंध का टंकण कार्य अति अल्प समय में पूर्ण किया।

अंत में, मैं कानपुर विश्वविद्यालय तथा कर्मक्षेत्र स्नातकोत्तर महाविद्यालय, कानपुर के अधिकारियों, पूज्य गुरुजनों, प्राचार्य श्री रामेंद्र कुमार दीक्षित, पुस्तकालय अध्यक्ष, लिपिक श्री वीरेंद्र वर्मा सहित सभी कर्मचारी, बंधुओं के प्रति आभार प्रकट करता हूँ, जिन्होंने इस शोध कार्य में सतत सहयोग प्रदान किया है। मैं इटावा की उन माताओं, बहनों एवं ग्राम्यजनों का आभारी हूँ, जिन्होंने मेरे लिए अपने गाँवों की बोलियों के अनेक उद्धरण देकर मेरे अध्ययन की दिशा निर्धारित की।

संपूर्ण सावधानियों तथा विषय संयोजक की संपूर्ण सतर्कता के बावजूद कुछ त्रुटियाँ मेरी व्यक्तिगत सीमाओं के कारण रह गई होंगी, उनके लिए क्षमा-प्रार्थना तथा भविष्य में उपलब्ध तथ्यों के आधार पर इटावा की बोलियों के भाषा वैज्ञानिक अध्ययन की संपूर्णता की आश्वस्ति के साथ मैं यह शोध-प्रबंध परीक्षार्थ प्रस्तुत कर रहा हूँ।

—रामशंकर कठेरिया

शोध छात्र, हिंदी विभाग,
कर्मक्षेत्र स्नातकोत्तर महाविद्यालय
इटावा, उ.प्र.

भूमिका

आज से कुछ वर्ष पूर्व हिंदी विषय में परास्नातक परीक्षा उत्तीर्ण होने के पश्चात् मेरे मन में उच्चतर अध्ययन हेतु शोध कार्य करने की इच्छा उत्पन्न हुई। संयोगवश, परीक्षा में उत्तीर्ण होते ही मुझे सामाजिक संगठनों के कार्य से पूरे जनपद का भ्रमण करना पड़ा। इसी समय हमने गुरुवर डॉ. विद्याकांत तिवारी के सामने हिंदी में शोध कार्य करने की अपनी इच्छा रखी। उन्होंने मेरे कार्य–व्यवसाय तथा ग्रामीण परिवेश से मेरे जुड़ाव को देखते हुए यह सुझाव रखा कि इटावा जनपद की बोलियों के संबंध में डॉ. ग्रियर्सन की छिट–पुट टिप्पणियों के बाद अभी तक कोई ठोस कार्य नहीं हुआ है, इसलिए इटावा जनपद की बोलियों का भाषा वैज्ञानिक अध्ययन करना सर्वथा उपयुक्त विषय रहेगा और पूरे जनपद में भ्रमण करते रहने के कारण बोलियों के नमूने एकत्रित करने में भी कोई कठिनाई नहीं होगी। उनकी आज्ञा मानकर मैंने 'इटावा जनपद की सीमावर्ती बोलियों का भाषा वैज्ञानिक अध्ययन' विषय पर अपना अनुसंधान कार्य प्रारंभ कर दिया।

मुझे प्रसन्नता है कि कानपुर विश्वविद्यालय की शोध समिति ने उक्त विषय को अपना अनुमोदन भी प्रदान कर दिया तथा शोध कार्य करने की सहर्ष अनुमति दे दी। यह कार्य प्रारंभ में जितना सरल लग रहा था, वस्तुतः उतना सरल नहीं था। बोलियों के उदाहरण एकत्रित करने में भारी कठिनाइयाँ आईं। शिक्षा के प्रचार–प्रसार के कारण जहाँ गाँव में विकास के रथ का पहिया घूमा है, वहीं उसने बोलियों के स्वरूप को सर्वाधिक प्रभावित किया है। पढ़े–लिखे लोग शुद्ध बोली नहीं बोल पाते और जो लोग शुद्ध बोली बोल पाते हैं, उनसे बोली बुलवाना कठिन था। ग्रामीण पुरुषों और महिलाओं के बीच आत्मीयता स्थापित करने और उनसे बोली के नमूने एकत्रित करने की प्रक्रिया में बहुत कठिनाइयाँ आईं। वे अपनी बोली के नमूने टेप–रिकॉर्ड में रिकॉर्ड कराते समय अतिरिक्त सजग हो जाते थे। यदि कलम लेकर लिखने बैठ जाएँ तो वे चुप्पी साध जाते थे। इसलिए कई स्थानों पर तो केवल श्रुति और स्मृति के सहारे ही काम चलाना पड़ा।

अनेक व्यवधानों के होते हुए भी मुझे राष्ट्रीय स्वयंसेवक संघ की जनसंपर्क पद्धति

तथा ग्रामीण क्षेत्रों में रह रहे संघ के स्वयंसेवकों और उनके परिवारों ने अभूतपूर्व सहयोग प्रदान किया एवं बोलियों के संकलन का यह कार्य किसी तरह पूर्ण हो गया। यह अवश्य हुआ कि अध्ययन हेतु बहुत सड़कों, बसों, रेलों, सिनेमाघरों, रेडियो, दूरदर्शन और पाश्चात्य सभ्यता के प्रभाव से विकसित खान-पान, रहन-सहन एवं वेशभूषा की सभ्यता ने जातिगत प्रथाओं एवं रूढ़ियों की दीवारें ढहा दी हैं। मध्य प्रदेश के भिंड तथा उत्तर प्रदेश के आगरा, फिरोजाबाद, मैनपुरी एवं फर्रूखाबाद से जुड़ती हैं, जिले की भरथना तहसील उत्तर में फर्रूखाबाद तथा दक्षिण में मध्य प्रदेश के भिंड जिले एवं जालौन जिले से जुड़ी हुई है। विधूना तहसील फर्रूखाबाद तथा कानपुर देहात जिलों तथा इटावा जिले की औरैया एवं भरथना तहसील से जुड़ी हुई हैं, जबकि औरैया तहसील, कानपुर देहात, जालौन तथा मध्य प्रदेश की सीमा को स्पर्श करती है।

इटावा जिले में यमुना नदी के उत्तर का भाग जहाँ अधिक उपजाऊ है, वहीं यमुना नदी के दक्षिण का भाग ऊँचे-नीचे कगारों और बीहड़ों से युक्त है। मिट्‌टी के कटाव के कारण गहरे-गहरे खड्‌ड तथा ऊँचे टीले यमुना और चंबल के दोआबे में देखे जा सकते हैं। जिले में कुछ जंगली क्षेत्र इटावा, भरथना तथा औरैया तहसील के दक्षिणी भागों में देखने को मिलते हैं। जिले में प्रमुख नदियाँ यमुना, चंबल, क्वारी, सिंध, पहुज, सेंगर, अरिंद हैं। जिले में वन प्रदेश अब उतना नहीं रह गया है, किंतु वनों के बुरी तरह कटने के बाद भी यमुना के दक्षिणी भाग में कुछ वन क्षेत्र अब भी बचे हुए हैं, जिनमें बबूल, शीशम, नीम आदि वृक्ष अधिक मात्रा में हैं।

लोक परंपरा एवं जनश्रुतियों के अनुसार, इटावा एक पौराणिक जनपद है। उपनिषद् युग के ऋषियों, महाभारतकालीन कथाओं, बौद्धयुगीन स्मारकों, मुगलकालीन अवशेषों एवं ब्रिटिश कालीन प्रतीकों तथा स्वतंत्रता संग्राम के योद्धाओं की कहानियाँ समेटे इटावा की अपनी अलग पहचान है। इटावा जिले की अन्य जिलों से जुड़ी सीमाएँ तथा उसकी सीमावर्ती क्षेत्र की बोलियाँ कई भिन्नताएँ लिये हुए हैं, जिनका अध्ययन पहली बार प्रस्तावित शोध ग्रंथ में करने का प्रयास किया जा रहा है।

आगरा जिले की पूर्वी सीमा, विशेष रूप से बाह तहसील के पूर्वी भाग से इटावा की सीमा जुड़ती है।

इटावा जिले का यह भाग 'भदावर' के नाम से प्रसिद्ध है और इस बोली को 'भदावरी' नाम से उल्लिखित किया गया है। डॉ. ग्रियर्सन ने आगरा के पूर्वी भाग की बोली को 'स्टैंडर्ड ब्रज' माना है, लेकिन भदावर क्षेत्र का विस्तार इटावा की सीमा में सर्वाधिक है और यहाँ की भदौरी बोली आगरा जिले की फतेहाबाद और बाह तहसीलों में तो बोली ही जाती है, पारपट्‌टी क्षेत्र में यह बुंदेली की सीमा का स्पर्श करती है। भदावरी और पूर्वी आगरा के कथित 'स्टैंडर्ड ब्रज' में पर्याप्त अंतर है, इसीलिए डॉ.

ग्रियर्सन तथा डॉ. उदय नारायण तिवारी जैसे भाषाविदों ने भदौरी को बुंदेली की उपभाषा के रूप में मान्यता दी है।

प्रशासनिक दृष्टि से इटावा जिला सात निकटवर्ती जनपदों से जुड़ा हुआ है। ये जनपद हैं—भिंड (मध्य प्रदेश), आगरा, फिरोजाबाद, मैनपुरी, फर्रूखाबाद, कानपुर देहात और जालौन जिले में कुल चार तहसीलें हैं, जो बोलियों की दृष्टि से परस्पर विरोधी छोरों का स्पर्श करती हैं। इसलिए इन बोलियों का तहसीलसः भाषायी अध्ययन करना भी समाचीन नहीं होगा। प्राकृतिक रचना की दृष्टि से इटावा को चार भागों में विभक्त किया जाता है—

(1) पारपट्टी
(2) करका
(3) घार
(4) पचार

(1) पारपट्टी

यमुना और चंबल के मध्य चंबल एवं क्वारी के बीच तथा क्वारी के पार का कुछ क्षेत्र, जिसमें औरैया, भरथना तथा इटावा तहसील का दक्षिणी भाग सम्मिलित है। लोक भाषा में इसको ऊँटपट्टी (अटपटी) यमुना पार, पारपट्टी आदि नामों से पुकारा जाता है। (चंबल, क्वारी, सेंध, पहूज तथा यमुना संगम) तक की यह पट्टी 5 उपखंडों में विभक्त की जा सकती है—

(1) कामेत
(2) चकर नगर
(3) सहसों
(4) भरेह
(5) सिडोंस

(2) करका

घार के दक्षिण में यमुना नदी के उत्तरी पठार की एक लंबी पट्टी, जिसमें इटावा, भरथना, औरैया तहसीलों के कुछ भाग सम्मिलित हैं, 'करका' के नाम पर प्रसिद्ध हैं।

(3) मार

सेंगर नदी से यमुना तट तक का भाग, जिसमें इटावा, भरथना तहसील के कुछ भाग हैं और औरैया तहसील का अधिकांश भाग सम्मिलित है, 'घार' कहा जाता है।

(4) पचार

'पचार' में सेंगर नदी के उत्तर का भाग, जिसमें भरथना तहसील का कुछ भाग, औरैया तहसील का उत्तरी भाग तथा संपूर्ण विधूना तहसील सम्मिलित है।

प्रस्तावित अध्ययन में इटावा जिले की सीमावर्ती बोलियों की भाषा वैज्ञानिक विशेषताओं को भाषा-विज्ञान के वर्णनात्मक तथा अन्य आधुनिक प्रविधियों के आधार पर विश्लेषित करने का प्रयास किया गया है। अभी तक इटावा जिले की संपूर्ण बोलियों का सुव्यवस्थित, क्रमबद्ध एवं सर्वेक्षणात्मक भाषा वैज्ञानिक अध्ययन नहीं किया गया है। जॉर्ज ग्रियर्सन ने भारतीय भाषाओं का सर्वेक्षण करते हुए पश्चिमी हिंदी की बोलियों के विश्लेषण क्रम में इटावा जिले की सीमाओं में आने वाली बोलियों का संकेत किया है, किंतु उन्होंने एक भी ऐसा उदाहरण नहीं दिया है, जिसमें इटावा जिले की बोली का नामोल्लेख किया गया हो। ब्रजभाषा की चर्चा करते हुए उन्होंने आगरा जिले के पश्चिमी तथा पूर्वी भागों धौलपुर, करौली, ग्वालियर राज, एटा, मैनपुरी, बरेली, बुलंदशहर, बदायूँ आदि जिले की बोलियों के उदाहरण सहित परिचय दिए हैं, किंतु इटावा जिले की बोलियों का न तो परिचय दिया और न ही नामोल्लेख किया।

प्रस्तावित अध्ययन में प्रथम बार इटावा जिले की सीमावर्ती बोलियों का विस्तृत परिचय देते हुए उनका भाषा वैज्ञानिक अध्ययन करने का प्रयास किया गया है। वैज्ञानिक प्रगति के इस युग में भी भौतिक दृष्टि से विपन्न, आर्थिक दृष्टि से पिछड़े और सामाजिक दृष्टि से हिंसा एवं जातीय संघर्ष के तनाव से घिरे इटावा जिले की बोलियाँ आज भी अपनी मौलिक विशेषताओं के साथ सुरक्षित हैं। यमुना की पारपट्टी के ऊबड़-खाबड़ क्षेत्र एक ओर तो इटावा के विकास की गति को रोक लेते हैं, वहीं जातीय अभिमान से घिरे लोग अपने को सबसे ऊँचा समझने की मानसिकता से ग्रस्त हैं। दक्षिण में यमुना और चंबल के खारों में बसे गाँव आधुनिक नगरीय सभ्यता के संक्रमण से कोसों दूर हैं, लेकिन इस क्षेत्र के हर गाँव से कोई-न-कोई व्यक्ति भारतीय सेना में सेवारत है, इसलिए सेना से संबंधित अनेक संस्कार एवं शब्दावलियाँ पूरे क्षेत्र में प्रचलित हैं। यह क्षेत्र दस्यु आतंक का पर्याय माना जाता है। भिंड, मुरैना, ग्वालियर, धौलपुर, आगरा, जालौन एवं कानपुर देहात तथा मध्यवर्ती इटावा में कई दस्यु गिरोह इस क्षेत्र के बीहड़ों में निवास करते हैं और ग्रामीणों को गोली से ही नहीं, अपनी बोली से भी प्रभावित करते हैं। इसलिए इस क्षेत्र की सीमावर्ती बोलियों का अध्ययन और भी रोमांचक है। अभी तक भाषाविदों ने इटावा जिले की इस सीमावर्ती बोली को 'बुंदेलखंडी' या 'बुंदेली' के अंतर्गत रखने का प्रयास किया है। बुंदेली की सीमाओं का निर्धारण करती हुई यह जनश्रुति भी भाषाविदों द्वारा उदाहरण के रूप में प्रचलित है—

'यमुना उत्तर और नर्मदा दक्षिणांचल।
पूर्व ओर है टोंस, पश्चिमांचल में चंबल॥'[1]

यद्यपि 'इंडिया गजेटियर' में बुंदेलखंड की सीमा उत्तर में यमुना नदी, पश्चिम उत्तर में चंबल नदी, दक्षिण-पूर्व में रीवा और मिर्जापुर के कुछ भागों तक सीमित है, किंतु वर्तमान समय में बुंदेली का सीमा क्षेत्र इससे भी व्यापक है। इसके अंतर्गत उत्तर प्रदेश में बाँदा का पश्चिमी भाग, उरई, हमीरपुर, जालौन तथा झाँसी के संपूर्ण जिले, मध्य प्रदेश में ग्वालियर का पूर्वी भाग, भोपाल का कुछ भाग, ओरछा, पन्ना, दतिया, सागर, टीकमगढ़, नरसिंहपुर, शिवनी, छिंदवाड़ा, होशंगाबाद और बालाघाट के जिले सम्मिलित हैं। डॉ. ग्रियर्सन ने इटावा पारपट्टी के क्षेत्र की बोली को बुंदेलखंडी की एक प्रमुख उपबोली 'भदावरी' अथवा 'तोंमरगढ़ी' के अंतर्गत रखने का प्रयास किया है।

'आगरा गजेटियर' (1905 ई., पृष्ठ 89) में भदावर प्रदेश की रूपरेखा बताते हुए अटेर, भिंड, पट्टी (पारपट्टी), कुमेत तथा बाह का सम्मिलित भूभाग दिखाया गया है। ग्रियर्सन ने 'स्टैंडर्ड ब्रज' का एक रूप पूर्वी आगरा की बोली के रूप में स्वीकार किया है और इस प्रकार पूर्वी आगरा के भाग को भदौरी से अलग कर दिया है, जबकि वस्तुस्थिति यह है कि पारपट्टी की बोली, जिसे ग्रियर्सन ने भदौरी नाम दिया है, वह बाह तथा फतेहाबाद तहसील तक बोली जाती है। भदावर वस्तुत: पारपट्टी का ही दूसरा नाम है। प्राचीन काल में भदावर नामकरण के आधार पर यहाँ राजपूतों की एक जाति 'भदौरिया' तथा भैंस की एक प्रजाति 'भदावरी' आज भी अपना अस्तित्व बनाए हुए है। ग्रियर्सन के मत का अनुकरण करते हुए डॉ. उदय नारायण तिवारी ने भदावरी को बुंदेली की उपबोली के रूप में मान्यता दी है। इस संदर्भ में यह बात ध्यान देने योग्य है कि डॉ. रामस्वरूप[2] चतुर्वेदी ने आगरा जिले की बोली का अध्ययन करते हुए आगरा जिले की सीमा में आने वाली बाह एवं फतेहाबाद के बटेश्वर क्षेत्र की बोली का अध्ययन किया है, किंतु बाह की पूर्व दिशा, जहाँ से इटावा जनपद की सीमा प्रारंभ होती है, वहाँ की भाषा और बोली का अध्ययन डॉ. रामस्वरूप चतुर्वेदी के विषय की सीमा के कारण सम्मिलित नहीं हो सका। परिणामस्वरूप 70 कि.मी. लंबे तथा 10 कि.मी. चौड़े क्षेत्र में फैली इटावा जिले की पारपट्टी क्षेत्र की बोली का अध्ययन अभी तक नहीं किया गया। इस दृष्टि से प्रस्तावित अध्ययन इटावा जिले की दक्षिणी सीमावर्ती बोली के अध्ययन का प्रथम प्रयास ही कहा जाएगा। इस क्षेत्र के अनेक गाँव आज भी उस स्थिति में हैं, जहाँ यातायात के साधन में ऊँट, खच्चर, गधे प्रयोग में लाए जाते हैं। यहाँ की बोली के नमूने भाषा-विज्ञान की पुस्तकों में ढूँढ़ने से भी नहीं मिलते हैं। इस क्षेत्र की पहचान

1. डॉ. उदय नारायण तिवारी—हिंदी भाषा का उद्गम और विकास, पृष्ठ-253,
2. डॉ. रामस्वरूप चतुर्वेदी-'आगरा जिले की बोली'

हीरालाल, मेवा सिंह नाई, डोंगर, हरगोविंद सिंह, मान सिंह, सुलतान सिंह, अमृत लाल, लाल सिंह, गब्बर सिंह, पन्ना गूजर, लाखन सिंह, माधव सिंह, पंचम सिंह, नेत्रपाल सिंह, घनश्याम, मलखान सिंह, तहसीलदार सिंह, बाबू गूजर, लालाराम, बलवीर सिंह, नेपाल सिंह, फूलन देवी, कुसुमा जैसे दुर्दांत डकैतों के कारण तो है ही, हजारों की संख्या में यहाँ के नौजवान भारतीय नौसेना में सेवारत हैं और अनेकों स्वर्ण पदकों से पुरस्कृत हैं, किंतु इस क्षेत्र की बोली भी है, जो अनेक संक्रमणों से अपने को बचाए हुए है, इसे बहुत कम लोग जानते हैं।

पारपट्टी क्षेत्र से पश्चिमोत्तर सीमा से जुड़ा फिरोजाबाद कुछ समय पहले आगरा जिले का ही एक भाग था, किंतु अब वह एक स्वतंत्र जिला है। फिरोजाबाद के पश्चिमोत्तर में मैनपुरी जिले की सीमा इटावा को स्पर्श करती है। फिरोजाबाद जिला इटावा सदर तहसील के जसवंत नगर विकास खंड से जुड़ा हुआ है और उसी सीमा को स्पर्श करता है। मैनपुरी जनपद की सीमा इटावा सदर तहसील के जसवंत नगर और उत्तर में वसरेहर विकास खंडों को स्पर्श करती है।

भाषाविदों ने फिरोजाबाद और मैनपुरी की सीमाओं से जुड़ी इटावा की बोली को ब्रजभाषा की कोटि में रखा है। इसके एक ओर कन्नौजी, दूसरी ओर बुंदेली का प्रभाव दिखाई पड़ता है। मैनपुरी और एटा की अंतर्वेदी ब्रजभाषा का प्रभाव यहाँ देखने को मिलता है। इसी क्षेत्र में बोली जाने वाली ब्रजभाषा शुद्ध ब्रजभाषा से कई अर्थों में भिन्न है। 'र' ध्वनि के विलोपीकरण तथा परवर्तीय व्यंजन के द्वितीयकरण की प्रवृत्ति कुछ अधिक ही है, जैसे—खर्च के लिए—खच्च, करदऔ के लिए—कदऔ, मरने के लिए—मन्न और मरत के लिए—मृत्यु जैसे प्रयोग बहुतायत में पाए जाते हैं। फिरोजाबाद और मैनपुरी से जुड़े इटावा जनपद के जसवंत नगर क्षेत्र एवं वसरेहर खंड तथा मैनपुरी के सीमावर्ती क्षेत्रों में मध्यवर्ती 'ल' के अनुनासिक का प्रयोग बहुलता के साथ देखने को मिलता है, जो इस क्षेत्र की बोली को शेष क्षेत्र की बोली से अलग करता है। उदाहरण के लिए कलस के लिए—कन्सा, बालटी के लिए—वान्टी, पलट के लिए—पन्ट, उलट के लिए—उन्ट। जसवंत नगर के कछपुरा, बीवामऊ आदि क्षेत्रों से जुड़े गाँव यमुना के किनारे बसे होने के कारण दस्यु आतंक से प्रभावित रहे हैं, किंतु शेष जसवंत नगर तथा वसरेहर क्षेत्र कच्ची-पक्की सड़कों एवं रेल यातायात से जुड़े होने के कारण जहाँ खड़ी बोली के मानक स्वरूप से प्रभावित हैं, वहीं सिंचाई एवं शासन द्वारा प्रदान की गई सुविधाओं के कारण बहुत ही उर्वर एवं हरा-भरा बना रहता है। इस क्षेत्र के लोगों में कृषि तथा राजनैतिक गतिविधियों के प्रति बहुत आकर्षण है।

वसरेहर से पूर्व फर्रूखाबाद की सीमा से जुड़ा लगभग 60 किलोमीटर लंबा तथा 31 किलोमीटर चौड़ा भूखंड बोली की दृष्टि से एक नवीन क्षेत्र माना जा सकता है।

इतिहास के किसी कालखंड में कन्नौज एक राजनैतिक इकाई के रूप में स्वतंत्र राज्य था। आज कन्नौज फर्रूखाबाद का तहसील मुख्यालय है, किंतु इस क्षेत्र की ऐतिहासिक व्यापकता आज भी मानी जाती है। वसरेहर से पूर्व-उत्तर में फर्रूखाबाद तथा पूर्व में कानपुर की सीमाओं का स्पर्श करनेवाली भरथना तथा विधूना तहसीलें किसी समय कान्यकुब्ज प्रदेश का ही भाग थीं। डॉ. ग्रियर्सन ने इटावा जनपद के इस क्षेत्र में बोली जाने वाली बोली को 'इटावा की कन्नौजी' या 'पछरुआ' की संज्ञा दी है। उन्होंने स्वीकार किया है कि इटावा की कन्नौजी पर ब्रजभाषा तथा भदावरी का प्रभाव स्पष्ट दिखाई पड़ता है। ग्रियर्सन यह स्वीकार करते हैं कि इटावा जनपद में बहने वाली सेंगर नदी पूरे जिले को लगभग दो समान भागों में बाँटती है। सेंगर नदी का उत्तरी-पूर्वी भाग 'पचार' नाम से प्रचलित है। आज भी इटावा जिले की भरथना और विधूना तहसीलें राजनैतिक दृष्टि से कन्नौज संसदीय निर्वाचन क्षेत्र के अंतर्गत समायोजित की गई हैं। कन्नौजी बोली बोलनेवालों की संख्या लगभग 70 लाख है, जिनमें इटावा जिले का ताखा, भरथना, एरवाकटरा, अछल्दा, विधूना, सहार, विकास खंडों में रहनेवाले कन्नौजी भाषियों की संख्या लगभग 10 लाख है। भरथना तहसील के भरथना एवं ताखा विकास खंडों की बोली विधूना तहसील के एरवाकटरा, विधूना, सहार एवं अछल्दा की बोली से कुछ भिन्न है। यद्यपि दोनों ही एक ही बोली के क्षेत्रीय भिन्नता वाले रूप हैं। भरथना एवं अछल्दा के दक्षिणी छोर की बोली है तो कन्नौजी ही, किंतु कहीं-कहीं उस पर भदावरी एवं बुंदेलखंडी का भी प्रभाव दिखाई पड़ता है। फर्रूखाबाद जिले की सीमा से लगे एरवाकटरा तथा ताखा विकास खंडों का पश्चिमी और उत्तरी भाग मीलों ब्रजभाषा तथा कन्नौजी के मिश्रण से एक अलग बोली का स्वरूप ग्रहण करता है।

इटावा जिले के सहार विकास खंड का दक्षिणी-पूर्वी भाग औरैया तहसील के भाग्यनगर विकास खंड का पूर्वी भाग और औरैया विकास खंड का यमुना से उत्तर का पूर्वी भाग कानपुर की सीमा को स्पर्श करता है और उस पर कानपुर में बोली जाने वाली अवधी, वैसवाड़ी एवं कन्नौजी का मिश्रित रूप देखने को मिलता है। इस क्षेत्र का पश्चिमी भाग ऊसर युक्त भूखंड है, किंतु पूर्वी भाग बहुत ही उर्वर है। वर्तमान समय में भाग्यनगर विकास खंड के दिवियापुर कस्बे के आस-पास नेशनल थर्मल पावर कॉरपोरेशन एवं गैस अथॉरिटी ऑफ इंडिया लिमिटेड की विशाल योजनाएँ प्रारंभ होने के कारण ऊसर क्षेत्र में जंगल में मंगल का सदृश्य दिखाई पड़ता है। ऊसर होने के कारण भाग्यनगर विकास खंड की जनसंख्या बिखरी हुई है, किंतु इस बड़े शासकीय उपक्रम प्रारंभ हो जाने के कारण यहाँ एक नगर सा बस गया है। संपूर्ण भारत के विविध क्षेत्र के अधिकारी एवं कर्मचारी यहाँ आकर रहने लगे हैं, जिसके कारण इस क्षेत्र में बोली का एक नया स्वरूप विकसित हो रहा है। इस समय जन्म ले रही नवीन बोली का अध्ययन बहुत ही महत्त्वपूर्ण उपक्रम

है। औरैया तहसील के औरैया विकास खंड का दक्षिणी भाग, जो यमुना के किनारे-किनारे एक पट्टी के रूप में बसा हुआ है, उस पार जालौन जिले की निभट्टा तथा लौधांती बोलियों का प्रभाव दिखाई पड़ता है। इस क्षेत्र की बोली का उच्चारण उसे जनपद की शेष बोलियों से स्वत: भिन्न कर देता है। औरैया विकास खंड का पश्चिमी भाग भदावरी सीमा को स्पर्श करता है। इसलिए उस क्षेत्र की बोली पर भदावरी का भी स्पष्ट प्रभाव दिखाई देता है। यमुना के खारों के कारण यहाँ जनसंख्या घनत्व कम है, किंतु गाँव में शिक्षा के प्रति आकर्षण बहुत अधिक है। औरैया तहसील का यमुना किनारे पर बसा क्योंटरा गाँव तो 'इटावा की काशी' कहा जाता है। जहाँ प्राचीन काल से लेकर आज तक संस्कृत, हिंदी, भूगोल शास्त्र एवं विज्ञान क्षेत्र में उल्लेखनीय उपलब्धि हासिल करनेवाले अनेक लोग इस गाँव में जनमे हैं। क्योंटरा, मढ़ापुरा, नंदगाँव, खानपुर, सिहौली, सढ़रापुर, वीजलपुर, भरतपुर गाँव की बोली पर जालौन में बोली जाने वाली बुंदेली तथा गुन्ज, तमरपुर, महेवा, ववाइन, असेवा और सवेरी आदि गाँवों पर पारपट्टी क्षेत्र की बुंदेलखंडी एवं भदावरी का प्रभाव परिलक्षित होता है।

अध्ययन की वैज्ञानिकता एवं सर्वांगिणता का ध्यान रखते हुए संपूर्ण विषय को निम्नलिखित क्रम में वर्गीकृत किया गया है—

प्रथम अध्याय में इटावा जिले की भौगोलिक स्थिति तथा उसकी भौगोलिक इकाइयों का विवेचन किया गया है। इस उपक्रम में इटावा जनपद की भौगोलिक सीमा, यहाँ के सामान्य जनजीवन, मुख्य व्यवसाय, जनसंख्या एवं विभिन्न जातियों की स्थिति का विवेचन करते हुए जिले की ऐतिहासिक पृष्ठभूमि एवं वर्तमान सामाजिक तथा आर्थिक स्थिति का विश्लेषण किया गया है।

द्वितीय अध्याय में इटावा जिले की भाषिक स्थिति एवं भाषिक सीमाओं का परिचय कराते हुए जनपद की दक्षिणी, पश्चिमी, उत्तरी और पूर्वी सीमा की बोलियों का अध्ययन करते हुए उस क्षेत्र में बोली जाने वाली बोलियों का विवेचन एवं वर्गीकरण किया गया है। इसी अध्याय में दक्षिण में मध्य प्रदेश के भिंड जिले से जुड़ी पारपट्टी क्षेत्र की बोली का अध्ययन करते हुए ग्वालियरी, ब्रजभाषा, कन्नौजी, वैसवाड़ी, बुंदेली आदि बोलियों से पारपट्टी क्षेत्र की बोलियों का अध्ययन किया गया है; क्योंकि यह अध्याय इटावा जनपद में बोली जाने वाली बोलियों के पश्चिम से जुड़ा हुआ है, इसलिए इटावा की पश्चिमी सीमा पर बोली जाने वाली कन्नौजी, पूर्वोत्तर में बोली जाने वाली वैसवाड़ी तथा दक्षिण-पूर्व में बोली जाने वाली बुंदेली से इटावा में बोली जाने वाली बोलियों का तुलनात्मक विश्लेषण किया गया है। यह अध्याय विषय विस्तार एवं बोलियों के परिचयात्मक वर्णन के कारण सबसे बड़ा अध्ययन है।

तृतीय अध्याय में इटावा जनपद की बोली में ध्वनि समूह के विभिन्न रूपों का

अध्ययन करते हुए मूल स्वर, मूल व्यंजन, अर्धस्वर, अनुनासिक स्वर, विदेशी ध्वनियाँ, पारसी एवं अंग्रेजी ध्वनियाँ तथा उच्चारण संबंधी विशेषताओं का विश्लेषण किया है। ध्वनियों के रूप इटावा जनपद की सीमावर्ती बोलियों में प्राय: बदलते रहे हैं तथा उनका उच्चारण भी परिवर्तित होता रहा है।

चतुर्थ अध्याय में इटावा जनपद की बोली में संज्ञा के विभिन्न रूपों का अध्ययन, संज्ञा रूपों की रचना तथा लिंग, वचन आदि का अध्ययन किया गया है।

पंचम अध्याय में इटावा जनपद की बोली में प्रचलित सर्वनाम के विभिन्न रूपों का अध्ययन करते हुए मानक हिंदी के सर्वनामों के प्रचलित रूपों से इटावा की सीमावर्ती बोली के सर्वनामों की तुलना की गई है।

षष्ठ अध्याय में इटावा जनपद की सीमावर्ती बोली में विशेषण के विभिन्न रूपों का अध्ययन किया गया है। इसमें सर्वनामिक, गुणवाचक, परिमाणवाचक, संख्यात्मकवाचक विशेषण भेदों, उनके लिंग एवं वचन परिवर्तन के कारण हुए परिवर्तन को व्याख्यायित किया गया है। निश्चित संख्यावाचक, निश्चित परिमाण, अनिश्चित संकेत, व्यक्ति, विभाग वाचक आदि विशेषणों के इटावा जनपद की सीमा की बोली में प्रचलित प्रयोगों का विश्लेषण इसी अध्याय में किया गया है।

सप्तम अध्याय में इटावा जनपद की सीमावर्ती बोली में उपलब्ध परिसर्गों एवं प्रत्ययों के विविध रूपों का अध्ययन किया गया है, जिसमें मूल परिसर्ग एवं प्रयुक्त परिसर्गों की संख्या का विवेचन करते हुए परिसर्ग चिह्नों/कारकों का विश्लेषण किया गया है। मानक हिंदी में प्रचलित परिसर्गों की तुलना इटावा जनपद की सीमावर्ती बोली में प्रचलित परिसर्गों से की गई है तथा आवश्यक निष्कर्ष निकाले गए हैं।

अष्टम अध्याय में इटावा जनपद की सीमावर्ती बोली के संपूर्ण शब्द समूह को विभिन्न वर्गों में वर्गीकृत कर उसका अध्ययन किया गया है। तत्सम्, तद्भव, विदेशी, देशराज, उपसर्ग, प्रत्यय से निर्मित शब्दों के आदर्श वर्गीकरण के साथ इटावा जनपद की सीमावर्ती बोली की शब्द संपदा का अध्ययन प्रस्तुत अध्याय का अभीष्ठ है। इस क्रम में शब्द निर्माण की प्रक्रिया का पूर्ण अध्ययन तथा समास, उपसर्ग, प्रत्यय, संख्यावाची शब्द, विदेशी, देशराज, स्थानीय शब्द आदि का विस्तृत अध्ययन जिले की बोली के विशेष संदर्भ में किया गया है।

नवम अध्याय में इटावा जनपद की सीमावर्ती बोली में क्रिया के विभिन्न रूपों का अध्ययन करते हुए विभिन्न कालों में क्रिया रूपों में हुए परिवर्तन का अध्ययन किया गया है। मुख्य क्रिया के विभिन्न रूपों, संयुक्त क्रियाओं के तीनों कालों में हुए प्रयोग से संबंधित अध्ययन इस अध्याय में किया गया है। नाम धातुओं के विभिन्न रूपों में प्रचलित शब्दों का विवेचन करते हुए इटावा जनपद की सीमावर्ती बोली में उसकी

स्थिति का विश्लेषण किया गया है।

दशम अध्याय में इटावा जनपद की सीमावर्ती बोली में अव्यय के विविध रूपों का अध्ययन किया गया है। इसमें क्रिया-विशेषण, कालवाचक, समुच्च्यबोधक, निश्चयार्थक, सादृशमूलक, विस्मयादिबोधक अव्ययों के साथ उपलब्ध सभी अव्यय रूपों का अध्ययन भाषा-विज्ञान की विशिष्ट प्रविधि के अंतर्गत किया गया है। परिमाण दर्शक, कारण सूचक, स्वरूप सूचक, विभाजक, विरोध दर्शक, उद्देश्य-वाचक, व्याख्यावाचक, संभावनावाचक अव्ययों रूपों का अध्ययन भी संपूर्णता के साथ करने का प्रयास किया गया है।

एकादश अध्याय में इटावा जनपद की सीमावर्ती बोली में वाक्य, रचना, वाक्यों में शब्दों का क्रम, वाक्यों का स्वरूप, साधारण वाक्य, प्रश्नवाचक वाक्य, नकारात्मक वाक्य, मुहावरों, कहावतों तथा सौगंधसूचक शब्दों के इटावा जनपद की सीमावर्ती बोली में प्रचलित रूपों, वाक्य विज्ञान की दृष्टि से इस बोली की वाक्य रचना प्रक्रिया का मूल्यांकन करने का प्रयास किया गया है।

द्वादश अध्याय में परिशिष्ट के अंतर्गत इटावा जनपद की सीमावर्ती बोली की स्थानीय शब्दावली, प्रयुक्त अपशब्द, इटावा जनपद की सीमावर्ती बोलियों के भाषा वैज्ञानिक अध्ययन में सहयोगी बंधु तथा सहायक ग्रंथ-सूची आदि सम्मिलित हैं।

—रामशंकर कठेरिया

अनुक्रम

अध्याय-प्रथम

भौगोलिक परिस्थिति एवं सामान्य जनजीवन

किसी भी देश की सामाजिक, सांस्कृतिक, राजनैतिक, ऐतिहासिक एवं धार्मिक चेतना को समझने के लिए देश की बोलियों का अध्ययन आवश्यक होता है। बोलियाँ देश की सबसे सूक्ष्म भौगोलिक इकाई से जुड़ी होती हैं। यही कारण है कि भारतवर्ष में भी हिंदी तथा अन्य भारतीय भाषाओं की बोलियों का परिचय एवं नामकरण छोटे-छोटे भौगोलिक तथा जनपदीय खंडों के आधार पर किया गया है। राजस्थान में मारवाड़ी, मेवाड़ी, जयपुरी, उत्तर प्रदेश और दिल्ली में कौरवी (कुरूक्षेत्र), हरियाणा में हरियाणी, शेष हिंदी प्रदेश में ब्रज, कन्नौजी, बुंदेलखंडी, छत्तीसगढ़ी, बैसबाड़ी, अवधी, भोजपुरी, मगही, मैथिली आदि बोलियाँ अपने नाम के साथ जनपदीय व्यक्तित्व की पहचान प्रकट करती रहती हैं। इस दृष्टि से इटावा जनपद की सीमावर्ती बोलियों का अध्ययन करते समय हमें इटावा के सामाजिक, सांस्कृतिक, ऐतिहासिक व्यक्तित्व का विश्लेषण करना पड़ेगा। प्राचीन ऐतिहासिक नगर होने के कारण इटावा अनेक घटनाओं एवं घटनाचक्रों के सृजन का केंद्र बना रहा। किसी समय अपनी आत्मनिर्भरता के कारण इटावा जनपद इसके ऊपर बलात् शासन करनेवालों के लिए उथल-पुथल का केंद्र बना रहा है। जनपद के प्रत्येक खेड़े, खार, टीले, बीहड़, किले और मंदिर के साथ इतिहास की अनेक घटनाएँ जुड़ी हैं। पौराणिक काल से आधुनिक काल तक इटावा के संदर्भ में जो बिखरे सूत्र मिलते हैं, उन्हें जोड़ने की चेष्टा कठिन भले लगती हो, किंतु उससे एक बात तो सिद्ध ही हो जाती है कि इटावा एक नगर ही नहीं, अपितु एक सभ्यता भी है। सुंदर वनभूमि, वर्ष पर्यंत बहती रहनेवाली यमुना, चंबल, सेंगर और क्वारी की धारा, अनेक प्रकार की वनोषधियों धार्मिक आस्था के अनेक केंद्रों, वीरता और पराक्रमों के

अनेक उदाहरणों के कारण इटावा केवल प्रशासनिक दृष्टि से एक जनपदीय इकाई ही नहीं माना जा सकता, बल्कि उसकी अपनी एक प्राचीन पहचान भी है। इस पहचान को रेखांकित किए बिना इटावा की बोली की भी वास्तविक पहचान नहीं हो सकती। इटावा के व्यक्तित्व से यहाँ की बोली और यहाँ की बोली से इटावा के व्यक्तित्व का जो अन्योन्याश्रित संबंध है, प्रस्तुत अध्ययन में उसे व्याख्यायित करने का प्रयास ही हमारा अभीष्ट है।

संपूर्ण देश में भिन्न-भिन्न कोणों से इटावा का अपना अलग परिचय है। आर्थिक दृष्टि से घी एवं गल्ला व्यापार के लिए इटावा मुगलकाल से ही चर्चित रहा है। ईस्ट इंडिया कंपनी ने इटावा के महत्त्व को समझते हुए यहाँ अपना एक आर्थिक केंद्र विकसित किया। यमुना नदी की गहरी धारा को सड़क के रूप में प्रयोग करते हुए बड़ी-बड़ी नावों द्वारा घी, खाद्यान्न, गन्ना, गुड़, वन-ओषधियाँ, इमारती लकड़ी तथा तिलहन देश एवं विदेश में निर्यात किया जाता था। आज भी देश की प्रमुख गल्ला मंडियाँ इटावा, भरथना, औरैया आदि अपने व्यापारिक महत्त्व की दृष्टि से चर्चित हैं।

शिक्षा एवं संस्कृति की दृष्टि से इटावा का अपना पुरातन इतिहास है। उपनिषद् युग के महर्षि धौम्य का आश्रम इटावा में ही स्थित था, जहाँ उनके शिष्यों आरुणी और उपमन्यु ने ज्ञान की सर्वोच्च साधना की। इटावा नगर के दक्षिणी सीमा पर यमुना के किनारे स्थित महर्षि धौम्य का आश्रम धूमन पुरा गाँव के नाम से आज भी विद्यमान है, जहाँ का कण-कण तथा ढलान भरी भूमि का प्रत्येक भाग यह कहानी दुहराता है। यदि यहाँ खेत की मेंढ़ टूट जाए तो उसे वहाँ लेटकर ही बचाया जा सकता है। महाकवि गंग का गाँव इकनोर आज भी इटावा की समृद्ध साहित्यिक परंपरा का साक्षी है। जनपद की पूर्वोत्तर सीमा का अंतिम गाँव क्योंटरा विद्वत्ता और धर्म साधना की दृष्टि से 'छोटी काशी' कहा जाता रहा है। यहाँ ज्योतिष, व्याकरण और साहित्य के अनेक विद्वान् हुए हैं। इटावा नगर में भी यमुना के किनारे स्थित 'श्री विद्यापीठ' देश के पाँच प्राचीनतम पुस्तकालयों में से एक है। उन्नीसवीं शताब्दी के अंतिम दशक में इस पुस्तकालय के पास अपने निजी मोटर वाहन थे, जिन पर सचल पुस्तकालयों का संचालन किया जाता था। यह स्थान आज भी इतना सिद्ध माना जाता है कि यमुनोत्तरी से लेकर प्रयाग तक केवल इटावा में ही यमुना उत्तर-दक्षिण, पूर्व-पश्चिम चारों दिशाओं में प्रवाहित होती है।

मोहम्मद गौरी के आक्रमण के समय इटावा में कन्नौज राज्य के प्रतिनिधि राजा सुमेर सिंह के पराक्रम की कहानी आज भी बाईस ख्वाजा की कब्रगाहों के रूप में देखी जा सकती है, जहाँ गौरी के बाईस सरदारों को लड़ाई के मैदान में कत्ल कर दिया गया था। जनपद के कुदरकोट, चकरनगर, मूंज, भरेह, लखना, इकनौर, आसई आदि गाँव अपनी पौराणिक और ऐतिहासिक पुराकथाओं को सँजोए इटावा की गौरव गाथा सुनाते हैं।

इटावा की व्युत्पत्ति

लोक मान्यता है कि इटावा का प्राचीन नाम 'इष्टिकापुरी' है। 'भविष्य पुराण'[1] में इटावा के लिए 'इष्टिका' का प्रयोग इस रूप में किया गया है—

'रोपणा श्चेष्टिकां प्राप्य निष्फल त्वात् बौद्ध भिक्षुकम्,
तदनन्तरे रोपणश्च कृष्ण चैतन्यम् आययौ।
रूग्णोऽसो नदियां हित्वा जगन्नाथपुरी गतः,
केवलं च तदाज्ञया नीत्वा ततश्च रोपणः इष्टिकां प्राप्तवान।'

उक्त संदर्भ से इतना तो स्पष्ट होता है कि रोपण नाम का कोई यात्री असफल होने पर इष्टिका में बौद्ध भिक्षु के पास आया और यहाँ से नव दीप में कृष्ण चैतन्य के पास पहुँचा, वहाँ रुग्ण होने पर जगन्नाथपुरी गया। तत्पश्चात् पुनः इष्टिका में वापस आ गया। इस उदाहरण में कहीं यह स्पष्ट संकेत नहीं है कि ऊपर उल्लिखित इष्टका ही इटावा है।

कुछ विद्वानों की मान्यता है कि बटेश्वर (जिला–आगरा) से पचनंद (इटावा) तक का प्रदेश 'इष्ट पथ' कहा जाता था। इस क्षेत्र में भारत के इष्ट देवता भगवान् शंकर के अनेक मठ और मंदिर हैं। इस कारण इस क्षेत्र में बसी इष्टिका नगरी ही कालांतर में 'इष्टिका पुरी' तथा 'इटावा' के नाम से चर्चित हुई। इटावा के आस–पास आज भी भगवान् शिव के अनेक मंदिर विभिन्न नामों से स्थापित हैं। यही कारण है कि शैव साधना के केंद्र कश्मीर से भी अनेक संत यहाँ आकर बसते थे। यमुना के किनारे स्थित खटखटा बाबा का आश्रम एवं समाधि तथा श्री विद्यापीठ शैव साधना के प्रसिद्ध केंद्र रहे हैं।

कुछ लोगों की मान्यता है कि इटावा में ईंट बनाने का कार्य काफी प्राचीन काल से होता आ रहा है। ईंट को पकाने के लिए अवाँ का प्रयोग होता था। लोक विश्रुति है कि ईंट और अवाँ शब्दों के संयोग से इटावा बना होगा। किंतु यह मान्यता लोक कल्पना ही प्रतीत होती है।

कुछ विद्वानों की मान्यता है कि इटावा की व्युत्पत्ति संस्कृत के 'अटवी' शब्द से हुई है। अटवी का अर्थ 'वन' होता है। अटवी से 'अटब्या' तथा 'अटव्या' के अपभ्रंश के रूप में 'इटावा' का प्रादुर्भाव हुआ होगा। कुछ भी हो, इटावा एक प्राचीन ऐतिहासिक एवं सांस्कृतिक नगर रहा है। यहाँ शैव, जैन, बौद्ध, सनातन, वैदिक परंपरा के अनेक केंद्र आज भी विद्यमान हैं। अटूट आस्थाओं और गहरे भाव–भूमि से जुड़े इस जिले में अनेक देवी–देवताओं और स्थानीय देवताओं की मान्यता है। गाँव–गाँव में हीरामन और पारसदेव के स्थान हैं। हरदौल की स्थापना कई स्थानों पर की जाती है। शरद और चैत्र की नवरात्रि में ज्वार बोए जाते हैं तथा नवमी के दिन शक्ति की आराधना की जाती है। आँख–मिचौली, गुल्ली–डंडा, मगरतला कबड्डी, गोली–अंटा, पतंगबाजी, चौपड़ और

1. संदर्भ—'भविष्यपुराण, 5–423

शतरंज के खेल यहाँ आज भी लोकरंजन के साधन हैं। परदा-प्रथा, दहेज-प्रथा, बाल-विवाह जैसी रूढ़ियाँ आज भी अपना अस्तित्व बनाए हुए हैं। विवाह समारोहों में जाति, वंश, गोत्र सबकी महिमा सुरक्षित है। कभी-कभी नेग न्योछावर में नाऊ पंडित से बाजी मार ले जाता है। इटावा की अपनी लोक-संस्कृति है और लोक-जीवन की अपनी विशेषताएँ भी हैं, जो यहाँ की भाषा, रीति-रिवाज एवं संपूर्ण सामाजिक, सांस्कृतिक परंपरा को प्रभावित करती हैं।

भौगोलिक परिस्थिति

स्थिति

उत्तर प्रदेश और मध्य प्रदेश की सीमा पर स्थित जिला इटावा बोली का संगम स्थल है। इटावा जिले के पश्चिम में आगरा, फिरोजाबाद जिला तथा दक्षिण में मध्य प्रदेश का भिंड जिला एवं पूरब में कानपुर देहात, दक्षिण-पूर्व में जालौन जिला तथा उत्तर में फर्रूखाबाद जिला और उत्तर-पश्चिम में मैनपुरी जिला स्थित है। इटावा जिला दक्षिणी-पश्चिमी भाग में 26-21 और 27-01 उत्तरी अक्षांश तथा 78-45 और 79-45 पूर्वी देशांतर के मध्य में स्थित है।

क्षेत्रफल

इटावा औरैया जिलों का क्षेत्रफल लगभग 4326 वर्ग कि.मी. है। शासकीय दृष्टि से जिला 4 तहसीलों में बँटा हुआ है—(1) इटावा सदर, (2) सैंकई, (3) जसवंत नगर, (4) चकर नगर, (5) भरथना तहसील, (6) विधूना, (7) औरैया तहसील। आकार की दृष्टि से वह जिला विषम कोणायत है, जिसकी लंबाई पश्चिम में आगरा सीमा से लेकर पूर्व में कानपुर देहात की सीमा तक लगभग 100 कि.मी. और चौड़ाई दक्षिण में मध्य प्रदेश की सीमा से उत्तर में फर्रूखाबाद जनपद की सीमा तक लगभग 60 कि.मी. है। इटावा शहर के पश्चिम की ओर जिले की चौड़ाई क्रमशः कम होती गई है। यहाँ तक कि एक स्थान पर जसवंत नगर खंड में मात्र 15 कि.मी. ही रह गई है।

जिले की तहसीलों में इटावा सदर तहसील में वसरेहर, बढ़पुरा और जसवंत नगर खंड हैं। तीनों खंड दूसरे जिलों की सीमाएँ बनाते हैं। जसवंत नगर खंड—आगरा, फिरोजाबाद जनपद की सीमा से लगा हुआ है। वसरेहर खंड मैनपुरी की सीमा और बढ़पुरा खंड आगरा जनपद की सीमा तथा मध्य प्रदेश के भिंड जिले की सीमा बनाता है। जिले की भरथना तहसील में ताखा खंड जनपद की सीमा तथा चकर नगर खंड यमुनापार भिंड जिले की सीमा बनाता है। महेबा खंड भरथना तहसील के मध्य में है। उत्तर प्रदेश के सभी खंडों से यह खंड पुराना है तथा भारत में सहकारिता आंदोलन एवं

सामुदायिक विकास की योजनाएँ यहीं से प्रारंभ हुईं। जिले की विधूना तहसील, जोकि फर्रूखाबाद और कानपुर जिलों की सीमा तक है, उसमें सहार, विधूना, एरवा, कटरा तथा अछल्दा खंड हैं। जनपद की पूर्वी सीमा पर औरैया तहसील स्थित है, जिसमें भाग्यनगर, औरैया तथा अजीतमल खंड स्थित हैं।

जिले को प्राकृतिक संरचना की दृष्टि से चार भू-भागों में विभाजित किया जाता है—

पचार

इटावा जिले का पचार भू-भाग सेंगर नदी के उत्तर में फर्रूखाबाद जनपद की सीमा तक फैला है। इस क्षेत्र में इटावा सदर तहसील का कुछ क्षेत्र, भरथना तहसील का ताखा खंड तथा भरथना खंड का कुछ हिस्सा और संपूर्ण विधूना तहसील का क्षेत्र इसके अंतर्गत आता है। जिले का लगभग 50 प्रतिशत भू-भाग इसी क्षेत्र में आ जाता है। इस पूरे क्षेत्र की भूमि उपजाऊ है, किंतु क्षेत्र में कहीं-कहीं ऊसर के बड़े-बड़े मैदान अनुपजाऊ पड़े हैं। इस पूरे क्षेत्र में पानी के साधन पर्याप्त हैं। नहर, बम्बा के अलावा इंजन आदि से सरलता से पानी सिंचाई के काम आता है। इसी क्षेत्र में कहीं-कहीं झीलें भी देखने को मिलती हैं, जिनमें कुछ समय पानी भरा रहने के कारण इन्हें 'झाबर' नाम से जाना जाता है। इस क्षेत्र में छोटी-छोटी बरसाती नदियाँ भी हैं, जो वर्षा के समय कुछ क्षेत्रों में फसलों को हानि पहुँचाती हैं। यह क्षेत्र इस प्राकृतिक तथा ऐतिहासिक परिस्थिति और बोली की दृष्टि से शेष भाग से अलग है। इस पूरे क्षेत्र में कन्नौजी बोली का प्रभाव है।

घार

जनपद का यह उपजाऊ एवं समतल क्षेत्र है, जिसमें जनपद के दक्षिणी-पूर्वी क्षेत्र में इटावा तहसील का कुछ हिस्सा तथा कुछ-कुछ भाग भरथना और औरैया तहसीलों का है। औरैया तहसील का अधिकांश भाग इसी क्षेत्र में सम्मिलित है। सेंगर नदी के किनारे एक लंबी पट्टी बड़ी उपजाऊ भूमि है। कुछ भूमि ऊँची-नीची होने के कारण कम उपजाऊ है। इस क्षेत्र में न तो पचार जैसा कोई झाबर है और न ही कोई ऊसर है। घार क्षेत्र में बड़े-बड़े गाँव देखने को मिलते हैं, किंतु पचार जैसी घनी आबादी का अभाव है। इस पूरे क्षेत्र में लाल, भुरभुरी तथा दोमट मिट्टी के कारण वर्ष में 2-3 फसलें आसानी से उगाई जाती हैं। जनपद के शेष भाग से अलग पहचान बनाए रखते हुए भी घार का क्षेत्र कन्नौजी एवं बुंदेली, दोनों बोलियों से प्रभावित दिखाई पड़ता है।

करका

जनपद के दक्षिणी हिस्से में स्थित करका क्षेत्र में इटावा, भरथना तथा औरैया

तहसीलों का कुछ-कुछ दक्षिणी हिस्सा सेंगर और यमुना के बीच का उपजाऊ क्षेत्र है। यमुना और सेंगर नदी के किनारों पर ऊबड़-खाबड़ भूमि की एक लंबी पट्टी है, जिसमें मोटे अनाज आसानी से उगाए जाते हैं। सेंगर नदी का कछार बहुत उपजाऊ है। इस पूरे क्षेत्र में ऊसर कहीं-कहीं नाम मात्र के लिए शेष रह गया है। बहुत सी बंजर व ऊसर भूमि तोड़कर 'नौटोरा' के नाम से कृषि योग्य बना लीं गई है। आबादी की दृष्टि से यह पचार की अपेक्षा कम घना है। धान, गेहूँ, राई, मटर तथा बेझर जैसे अनाज यहाँ अधिक पैदा होते हैं।

पारपट्टी

जनपद के दक्षिणी हिस्से में यमुना नदी से लेकर मध्य प्रदेश की सीमा तक तथा आगरा से जालौन की सीमा तक यमुना चंबल के दोआबे एवं चंबल के किनारे वाले भूभाग को 'पारपट्टी' नाम से जाना जाता है। यमुना से पार होने के कारण यमुना से उत्तर के शेष लोग इसे 'पार' नाम से पुकारते हैं। इसमें भरथना तहसील का चकर नगर खंड, इटावा तहसील का बढ़पुरा तथा कुछ क्षेत्र औरैया तहसील का आता है। भयंकर ऊबड़-खाबड़ होने के कारण लोग इसे 'ऊँट पट्टी' के नाम से पुकारते हैं। इसी क्षेत्र में यमुना, चंबल, क्वारी, सेंध, पहूज का संगम केंद्र है। इसके क्षेत्र में 50 प्रतिशत से अधिक भूमि ऐसी है, जिस पर भयंकर ऊँचे-नीचे कँटीले वृक्ष एवं गहरे गड्ढे हैं। शेष भाग में मोटे अनाज होते हैं, जिनमें पानी की आवश्यकता नहीं पड़ती। इस पूरे क्षेत्र को जहाँ प्रकृति ने ऊबड़-खाबड़ भूमि दी है, वहीं पानी, सरकारी नलकूपों से भी प्राप्त करना कठिन है। जहाँ पानी का अभाव है, वहाँ नील गाय, जिसे वहाँ की भाषा में 'पाड़ी' (पहाड़ी कहा जाता है) के कारण फसलों को सुरक्षित बचा पाना सबसे बड़ी चुनौती है। सरकारी योजनाओं में बीहड़ सुधार योजना के द्वारा काम मंद गति से चल रहा है, अत: उसका परिणाम कोई अधिक मात्रा में न आने के कारण योजना का 75 प्रतिशत पैसा अधिकारी और ठेकेदार हड़प लेते हैं।

इसी क्षेत्र में चकरनगर खंड पूरी तरह से बीहड़ के प्रभाव में है। इस पूरे क्षेत्र में 25 प्रतिशत भूमि पर खेती की जाती है। अपने स्वच्छ एवं निर्मल जल के लिए चर्चित चंबल नदी इसी क्षेत्र में भरेह राज्य के निकट यमुना में प्रवेश करती है। क्षेत्र में लंबी-लंबी घाटियाँ दस्यु सम्राटों के निवास के रूप में जानी जाती हैं। आज भी इस क्षेत्र में बंदूकों की गड़गड़ाहट दिन में सुनी और महसूस की समझी जाती है। इस क्षेत्र में एक तरफ प्रकृति की अद्भुत सुंदरता है तो दूसरी तरफ पवित्र नदियों का संगम केंद्र 'पंचनदा' जालौन, भिंड की सीमा पर अवस्थित है। 5 कि.मी. लंबा फैला पंचनदा क्षेत्र भारत का प्रमुख प्राकृतिक सौंदर्य स्थल है। बोली की दृष्टि से भी यह क्षेत्र जनपद के शेष भाग से

अलग अपनी पहचान बनाए हुए है। एक तरफ आगरा के सीमावर्ती क्षेत्र में ब्रज बोली का प्रभाव झलकता है, वहीं जालौन और भिंड की सीमा पर क्रमशः बुंदेली तथा भदावरी का प्रभाव परिलक्षित होता है।

जनसंख्या

इटावा जिले में यमुना के उत्तरी किनारे से लेकर मैनपुरी, फर्रूखाबाद और कानपुर देहात तक का क्षेत्र गंगा तथा यमुना के प्राचीन दोआबे के रूप में जाना जाता है। अच्छी उपज एवं यातायात की समुचित सुविधाओं के कारण इस क्षेत्र में जनसंख्या का घनत्व अधिक है। 1971 ई. की जनगणना के अनुसार, जिले की कुल जत्संख्या 14,83,264 थी, जो 1991 ई. की जनगणना के अनुसार बढ़कर 21,13,635 हो गई। शासकीय आँकड़ों के अनुसार, 1981–1991 के बीच जनसंख्या की वृद्धि दर 17:5 प्रतिशत रही है। जिले की अधिकांश जनसंख्या ग्रामीण क्षेत्रों में निवास करती है। नगरों में केवल 14.8 प्रतिशत लोग निवास करते हैं। संपूर्ण जनपद में जनसंख्या का घनत्व प्रतिवर्ग कि.मी. 488 है। जनपद में शासकीय आँकड़ों के अनुसार, राजस्व ग्रामों की संख्या 1462 है। जिले में 150 न्याय पंचायतें, 14 विकास खंड, 4 नगरपालिकाएँ तथा 14 नगरीय क्षेत्र हैं। 1991 ई. की जनगणना के अनुसार जिले में प्रति हजार पुरुषों पर महिलाओं की संख्या 836 है।

धरातल

इटावा जिले का अधिकांश भूभाग समतल मैदान है, किंतु जनपद के दक्षिणी क्षेत्र (जो यमुना, चंबल के मध्य तथा 10 कि.मी. इधर–उधर किनारों पर हैं) में ऊबड़-खाबड़ भूमि है। चंबल के पार मध्य प्रदेश की सीमा तक और चंबल के इधर यमुना नदी के उत्तर में 10 कि.मी. तक ऊँचे-ऊँचे टीले तथा गड्ढे हैं, जो 'बीहड़' के नाम से प्रसिद्ध हैं। जनपद की विधूना तहसील समतल और पूरी तरह कृषि योग्य भूमि है। भरथना तहसील का महेबा खंड जनपद के सभी खंडों से उपजाऊ एवं संपन्न क्षेत्र है। इस पूरे क्षेत्र की मिट्टी जनपद के शेष खंडों से उत्तम है। भरथना खंड भी समतल है। सेंगर नदी के किनारे कछारों में खेती अच्छी होती है। इटावा सदर तहसील का विकास खंड बढ़पुरा और जसवंत नगर का कुछ क्षेत्र (यमुना के किनारेवाला) ऊँचा–नीचा है, किंतु इन दोनों खंडों की भूमि अत्यंत उपजाऊ है। मोटा अनाज बढ़पुरा खंड में सर्वाधिक होता है। जिले का पूर्वी क्षेत्र, जिसमें औरैया तहसील स्थित है, वह भी, कुछ हिस्सा छोड़कर, समतल और उपजाऊ है।

मिट्टी

जनपद के पचार और घार में दुमट, मटियार, रेतीली तथा ऊसरयुक्त चार प्रकार की मिट्टियाँ मिलती हैं। कुछ क्षेत्र भरथना और विधूना तहसीलों में खाली हैं, जिनमें बरसात में कुछ समय के लिए पानी भर जाता है। इस क्षेत्र को 'झाबर' के नाम से जानते हैं। झाबर में मुख्य रूप से धान की फसल होती है, किंतु पानी और खाद के कारण धीरे-धीरे गेहूँ भी पैदा होना प्रारंभ हो गया है। करका क्षेत्र की मिट्टी अधिक उपजाऊ है। सेंगर नदी के दक्षिण में एक पूरी पट्टी चली गई है, जिसमें दुमट, बलुई एवं मटियार मिट्टी होने के कारण फसलें अच्छी पैदा होती हैं। जिले के पश्चिमी क्षेत्र में वसरेहर, जसवंत नगर तथा बढ़पुरा की मिट्टी कृषि के लिए पर्याप्त है। इसमें आलू, धान, गेहूँ, मटर, चना, राई, बेझर एवं कई प्रकार की सब्जियाँ पैदा की जाती हैं। जनपद का दक्षिणी क्षेत्र, जो 'पारपट्टी' के नाम से जाना जाता है, वहाँ की भाषा में जिसे 'ऊँटपट्टी' भी कहते हैं, इस पूरे क्षेत्र में कंकड़, पत्थर की मजबूत ऊँची-नीची भूमि है, जो पूरी तरह से 50 प्रतिशत से अधिक अनुपजाऊ है। इस क्षेत्र में पानी का साधन कहीं-कहीं पर बड़ी कठिनाई से हो सका है। पानी इस पूरी पट्टी में बड़ी गहराई में है। पीने का पानी 100 फीट से अधिक गहरी खुदाई करने पर ही कुओं से मिल पाता है। इसी क्षेत्र में कुछ गाँवों में यमुना, चंबल के बीच पातालतोड़ कुएँ भी हैं, जो अपने आप सर्दियों में एक-दो इंच पानी हमेशा देते रहते हैं, जिससे सब्जी आदि की सिंचाई हो जाती है।

ऊँचाई और ढाल

यमुना नदी का उत्तरी भाग पूरी तरह से समतल है। इस पूरे पारपट्टी और घार क्षेत्र में कोई ऊँचा टीला नहीं मिलता है, किंतु जहाँ जनपद का अधिकांश भाग उत्तर में समतल है, वहीं जनपद का दक्षिणी क्षेत्र ऊँची-नीची भूमि से युक्त है। यमुना के दक्षिण में मध्य प्रदेश की सीमा तक समुद्री सतह से 400 फीट से लेकर 490 फीट तक ऊँचाई सर्वत्र है। इस पट्टी क्षेत्र में 20-20 मीटर ऊँचे टीले तथा 20-20 मीटर गहरी खाई पूरे क्षेत्र में देखी जा सकती हैं। जनपद का ढाल पश्चिम से पूरब की ओर है।

नदियाँ और झीलें

इटावा जनपद प्राकृतिक और कृत्रिम दोनों प्रकार के जलों से परिपूर्ण है। जिले में यमुना, चंबल, क्वारी, सिरसा, सेंगर, अहनैया, पुरहा, अरिंद तथा पांडु मुख्य नदियाँ हैं।

यमुना जिले की प्रमुख नदी है, जो जिले के पश्चिमी कोने में आगरा सीमा पर स्थित बाउथ गाँव से प्रवेश करती है। जिले में 80 कि.मी. बहती हुई यमुना कानपुर जिले में प्रवेश करती है। नदी का मार्ग टेढ़ा-मेढ़ा है। हरोली गाँव को नदी ने उत्तर, पूरब तथा

दक्षिण की ओर से घेर लिया है। यमुना, भरेह के पास चंबल नदी के तेज बहाव को अपने में आत्मसात् कर लेती है। यमुना नदी आगरा और जालौन की स्वाभाविक सीमा बनाती है। सर्दियों में इसकी चौड़ाई 300 फीट तथा बरसात में 800 फीट तक हो जाती है। गढ़ा कासदा गाँव में यमुना और चंबल की दूरी मात्र 2 कि.मी. से भी कम रह जाती है।

जिले की दूसरी प्रमुख नदी चंबल है, जो जिले को पश्चिमी सीमा पर आगरा जिले से इटावा जिले में मुरोंग गाँव से प्रवेश करती है। इसका पुराना नाम संस्कृत में 'चर्मण्यवती' है। जिले में 50 कि.मी. तक बहती हुई यह भरेह के निकट यमुना में अपने को समर्पित कर देती है।

क्वारी नदी जिले के दक्षिणी क्षेत्र में चंबल पार कहीं-कहीं मध्य प्रदेश की सीमा बनाती है और जिले में 35 कि.मी. तक बहती हुई पंचनदा नामक स्थान पर यमुना में मिल जाती है। यह नदी मध्य प्रदेश के मुरैना जिले से निकलती है। यह नदी यमुना में मिलने से कुछ पहले सेंध नदी को अपने में मिला लेती है। सेंध नदी क्वारी में मिलने से कुछ पहले पहूज को अपने में मिलाकर क्वारी में मिलती है।

सेंगर मथुरा में नूह झील से निकलकर अलीगढ़, एटा तथा मैनपुरी जिलों में होती हुई जिले के धुनाँ गाँव के पास प्रवेश करती है। यह यमुना के दूसरी दिशा में समानांतर बहती हुई कानपुर जिले में यमुना नदी में मिल गई है। जिले की शेष छोटी-छोटी नदियाँ, जो इटावा में प्रवाहित होती हैं, उनमें पुरहा, अहनैया और अरिंद उल्लेखनीय हैं। पुरहा, अहनैया और अरिंद नदी कम चौड़ी होने के कारण बरसात में भयंकर बाढ़ का दृश्य उपस्थित कर देती हैं। पानी के फैलाव से नदियों की सीमावर्ती फसलें पूर्णरूपेण चौपट हो जाती हैं।

जलवायु तथा वर्षा

गंगा, यमुना के दोआबे में स्थित अन्य जिलों की भाँति इटावा की जलवायु गरम और शुष्क है। मई-जून के महीनों में लू (लपट) चलती है, जिसके कारण तापमान अपनी सीमा छोड़कर 48 सें. ग्रेड तक हो जाता है। इसी वर्ष के 14-15 जून को 48° सें. ग्रेट तापमान रिकॉर्ड किया गया है। सर्दियों में अधिक सरदी पड़ती है, जिससे तापमान गिरकर कभी-कभी 3 सें. ग्रेड तक आ जाता है। जनपद की जलवायु स्वास्थ्यवर्द्धक है। वर्षा पूरे जनपद में एक ही जैसी होती है। कभी-कभी दक्षिणी सीमा पर उत्तरी क्षेत्र से कम वर्षा होती है। वर्षा जुलाई माह से प्रारंभ हो जाती है और सितंबर के माह में हल्की होकर बंद हो जाती है। जिले में वर्षा के कारण धान की फसल पूरे जनपद में अन्य सीमावर्ती जिलों से अच्छी होती है। दिसंबर-जनवरी दो माह भयंकर सर्दी के होते हैं।

कृषि

जिले का अधिकांश भाग समतल एवं उपजाऊ है। यहाँ के निवासियों का मुख्य धंधा कृषि ही है। शासकीय आँकड़ों के अनुसार 428 हजार हेक्टेयर भूमि 1991 में बोई गई, जिसमें 664 हजार मी. टन खाद्यान्न पैदा हुआ। जिले में सिंचाई की प्रमुख बड़ी-बड़ी 3 नहरें हैं। कुल आबादी के 90 प्रतिशत व्यक्ति कृषि पर निर्भर करते हैं। कुल जमीन की 70 प्रतिशत भूमि कृषि योग्य बन गई है, जिसमें रबी, खरीफ तथा जायद तीनों फसलें पैदा होती हैं। पचार, घार और करका में पानी के पर्याप्त निजी एवं सरकारी साधनों के कारण गेहूँ, चना, मटर, गन्ना, राई, मक्का, ज्वार, धान, आलू तथा सब्जियाँ पर्याप्त रूप से होती हैं।

जिले में गन्ने की कोई मिल नहीं है, फिर भी गन्ना पर्याप्त मात्रा में उगाया जाता है। जसवंत नगर खंड में जिले का सर्वाधिक गन्ना पैदा होता है। जिले में आलू इटावा-कानपुर रोड पर पूरी लंबी पट्टी में पैदा किया जाता है। जिले में आलू की 22 मिलें हैं। धान की खेती पूरे पचार क्षेत्र में सर्वाधिक होती है। भरथना धान की मंडी उत्तर प्रदेश की प्रमुख मंडियों में से एक है। अनाज की औरैया मंडी बहुत प्रसिद्ध है। जिले में एक-दो वर्ष से सूरजमुखी की भी खेती बढ़ रही है। जिले में कुल जनसंख्या के 65.9 प्रतिशत कृषक हैं। खेतीहर मजदूरों की संख्या जिले की जनसंख्या का 4 प्रतिशत है।

पशु

इटावा जिले के दक्षिणी सीमा पर यमुना, चंबल और क्वारी के बीहड़ों में कुछ लोगों का मुख्य धंधा पशुपालन है तथा वे उसी से अपना जीवकोपार्जन करते हैं। जिले के पचार और घार में समतल भूमि के साथ बंजर एवं ऊसर भूमि पर्याप्त रूप से पड़ी रहने के कारण पशुपालन में सहयोग मिलता है, किंतु कुछ वर्षों से लगातार ऊसर तथा बंजर भूमि को तोड़कर (नौटोरा नाम से) खेती की जाने लगी है, जिससे लगातार पशुओं की संख्या घटती जा रही है। पारपट्टी क्षेत्र में पाई जाने वाली 'जमुनापारी बकरी' देश के अन्य क्षेत्रों में दुर्लभ है। यह बकरी लंबी तथा ऊँची होती है। अन्य क्षेत्रों की बकरियों से 'जमुनापारी बकरी' दूध भी अधिक देती है। पार की एक स्वस्थ बकरी 4 किलो दूध नित्य देनेवाली होती है। पहले यहाँ से जावा, डेनमार्क, हॉलैंड और अमरीका आदि देशों को भी ये निर्यात की जाती थीं। पारपट्टी क्षेत्र में ही भदावर क्षेत्र की 'भदावरी भैंस' हर क्षेत्र में दूध-घी के लिए प्रसिद्ध है। जनपद के शेष क्षेत्रों में भी पर्याप्त रूप से भैंसें पाली जाती हैं।

संपूर्ण जिले में गाय, भैंस, बकरी, ऊँट, भेड़, सुअर, खच्चर, गधे, मुरगी, कबूतर, तीतर आदि पशु-पक्षी पाले जाते हैं। भैंसे और बछड़े हल चलाने के कार्य में प्रयुक्त

होते हैं। पर्याप्त संख्या में ट्रैक्टर होते हुए भी कुल खेती का 75% कार्य इन्हीं से संपन्न होता है।

1991 ई. की प्रशासनिक गणना के अनुसार, जिले में पशुओं की संख्या 10,94,028 है। जिले में पशु चिकित्सालय 29 तथा पशुधन सेवा केंद्र 53 हैं। जिले में कृत्रिम गर्भाधान केंद्र 75 हैं। इटावा स्थित बाइसख्वाजा के पास भदावरी भैंस एवं जमुनापारी बकरी की जाति की संख्या बढ़ाने के लिए प्रशासन की ओर से 'भदावरी भैंस' एवं 'जमुनापारी बकरी' प्रजनन केंद्र प्रारंभ किए गए हैं।

औद्योगिक व्यवसाय

जनपद औद्योगिक व्यवसाय की दृष्टि से विकासशील नहीं है। इटावा नगर और जसवंत नगर में कपड़े की बुनाई होती है। इटावा नगर में हथकरघा कर्मी पर्याप्त संख्या में कार्यरत हैं। इनमें मुसलिम परिवारों में अधिकांशत: मिलते हैं। जसवंत नगर से नित्य दो ट्रक सरसों का तेल तथा यहीं से पर्याप्त दाल कानपुर के लिए निर्यात की जाती है। भरथना धान की प्रमुख मंडी है, जिससे हर वर्ष बहुत बड़ी मात्रा में चावल बाहर भेजा जाता है।

औरैया तहसील के भाग्यनगर खंड में दिवियापुर नगर के निकट चार वर्ष पूर्व नेशनल थर्मल पावर कॉरपोरेशन, गैस अथॉरिटी ऑफ इंडिया लि. प्रकल्प स्थापित किए गए हैं, जो विशालता में एशिया महाद्वीप में उल्लेखनीय स्थान रखते हैं। पाता में एक विशाल गैस क्रैकर प्लांट की स्थापना की गई है। जहाँ शीघ्र ही उद्योगों का एक जाल बिछ जाने की संभावना है। इटावा नगर में स्थित सहकारी सूत मिल में हजारों मजदूर कार्य करते हैं। यहाँ औद्योगिक प्रशिक्षण संस्थान तथा डेरी पॉलीटेकनिक जैसी प्राविधिक शिक्षा संस्थाएँ भी हैं, जहाँ लोगों को तकनीकी प्रशिक्षण प्रदान किया जाता है। शहतूत की खेती कर यहाँ पर रेशम उद्योग भी स्थापित करने के प्रयास चल रहे हैं। उत्तर रेलवे के प्रमुख रेलमार्ग से जुड़ा होने के कारण देश के सभी महानगरों से इटावा जिले का सीधा संबंध है। रेल एवं सड़क मार्ग से जुड़ा होने के कारण यहाँ व्यापारिक प्रगति की बहुत संभावनाएँ हैं।

यातायात

जिले में यातायात के साधन पूरे क्षेत्र में आवश्यकतानुसार उपलब्ध हो गए हैं। भारत की प्रमुख रेलवे लाइन जिले के पश्चिमी क्षेत्र बलरई के आगे से प्रवेश करके इटावा-कानपुर की सीमा पर स्थित कंचोसी स्टेशन होते हुए जाती है। यह रेलवे लाइन उत्तर रेलवे की है, जो 1862 ई. में बनकर तैयार हो गई थी। जनपद में जसवंत नगर,

इटावा, भरथना, फफूँद आदि प्रमुख रेलवे स्टेशनों के कारण जिले का आयात-निर्यात बड़ी आसानी से दूर-दूर तक होता है। भारत का प्रसिद्ध शेरशाह सूरी मार्ग जिले की पश्चिमी सीमा से पूर्वी सीमा तक है, जिससे पूरे जनपद का यातायात व्यवस्थित रूप से चलता रहता है। जिले में कच्ची-पक्की सड़कों का जाल सा बिछ गया है। राजनैतिक जागरूकता एवं नेताओं के सद्प्रयासों के कारण हर क्षेत्र में पर्याप्त रूप से सड़कें हो गई हैं। जिले के हर विकास खंड केंद्रों तक पक्की सड़कें बन गई हैं। प्रत्येक खंड केंद्र पर प्राइवेट तथा सरकारी बसों का आना-जाना प्रारंभ हो गया है। जिले के चारों तहसील केंद्रों से जिले के हर क्षेत्र में आने-जाने का साधन उपलब्ध है।

जिला केंद्र से कानपुर, फर्रूखाबाद, बरेली, बदायूँ, झाँसी, ग्वालियर, जयपुर, दिल्ली, लखनऊ, हमीरपुर, नैनीताल, अलीगढ़, हरिद्वार, बीकानेर, मथुरा, एटा, मैनपुरी, भिंड, फिरोजाबाद, बलिया एवं अन्य क्षेत्रों में पर्याप्त मात्रा में बसों का आवागमन होता रहता है। पारपट्टी क्षेत्र में ऊबड़-खाबड़ भूमि के कारण यातायात के साधनों की कमी है। इस क्षेत्र में ऊँटों को 'बीहड़ के जहाज' के रूप में जाना जाता है।

वर्तमान सामाजिक स्थिति

शिक्षा

उत्तर प्रदेश में शिक्षा के विकास तथा प्रभाव क्षेत्र की सघनता की दृष्टि से इटावा 'ए' श्रेणी का जिला माना जाता है। यमुना पार स्थित पारपट्टी को छोड़कर संपूर्ण जनपद में माध्यमिक एवं उच्च शिक्षा के अनेक केंद्र हैं। ग्रामीण क्षेत्रों में लगभग प्रत्येक ग्राम सभा में प्राथमिक पाठशालाएँ शासन की ओर से स्थापित की गई हैं। प्रत्येक न्याय पंचायत स्तर पर शासकीय या व्यक्तिगत प्रबंध तंत्र के प्रयासों से जूनियर हाईस्कूल खोले गए हैं। 10-15 कि.मी. के अंतर पर इंटर कॉलेजों की व्यवस्था है। प्रशासनिक आँकड़ों के अनुसार वर्ष 1991 ई. में प्राइमरी स्कूलों की संख्या 1289 है, सीनियर स्कूलों की संख्या 367 तथा सीनियर बालिका विद्यालयों की संख्या 65 है। जिले में हाईस्कूल तथा इंटर कॉलेजों की संख्या 132 और बालिका विद्यालयों की संख्या 13 है। जनपद में महाविद्यालयों की संख्या 7 है, जिसमें अजीतमल एवं वकेवर महाविद्यालयों में एम.एस-सी. तथा एम.एस-सी.ए.जी. की पढ़ाई होती है, जिसमें पूरे देश के विद्यार्थी अध्ययन हेतु आते हैं। एक महिला डिग्री कॉलेज इटावा में है। डॉ. अंबेडकर विश्वविद्यालय एवं पंडित दीनदयाल उपाध्याय डिग्री कॉलेज निर्माणाधीन हैं। जिले में शिक्षा का वातावरण अच्छा है। कई लोग आई.ए.एस. तथा आई.पी.एस. और पी.सी.एस. जैसी प्रशासनिक सेवाओं के माध्यम से जिले के मानव संसाधनों के विकास के प्रतीक माने जाते हैं।

जिले में विद्यालयों की व्यवस्था के कारण सभी वर्ग के बच्चे स्कूलों में पढ़ते हैं।

जिले में कभी हरिजनों के बच्चे कम स्कूल जाते थे, किंतु आज हर विद्यालय में संख्या के अनुसार, इन विद्यार्थियों का प्रतिशत कम नहीं है। आर्थिक विपन्नता पढ़ने-पढ़ाने में बाधक तो बनती है, किंतु कठिनाइयों में जीने के स्वभाव ने उनमें कुछ बनने की भी ललक पैदा की है। ग्रामीण क्षेत्र में लड़कियों को पढ़ाने की बैचेनी सभी में जाग्रत् दिखाई पड़ती है, क्योंकि किसी वर्ग की भी लड़की हो, विवाह संबंध जोड़ने के लिए लड़की की शैक्षिक योग्यता सभी लड़केवालों का प्रथम प्रश्न बन रहा है। ग्रामीण क्षेत्रों में बालिकाओं की माध्यमिक एवं उच्च शिक्षा की समुचित व्यवस्था नहीं है। पिछले कई वर्षों से चल रही नकल परंपरा ने सारे समाज की सोच ही बदल दी, जिससे अच्छे छात्रों का निर्माण एवं विद्यार्थियों का आत्मनिर्भर बनना दूभर हो गया था, किंतु उ.प्र. की भाजपा सरकार ने नकल विरोधी अध्यादेश जारी कर शिक्षा जगत् जैसे अति महत्त्वपूर्ण विषय को ठीक करने का प्रयास किया, जिसका सुखद एवं प्रेरणादायक परिणाम आया।

जनपद में दो आई.टी.आई. कॉलेज हैं, जिनमें इटावा औद्योगिक प्रशिक्षण संस्थान में विद्यार्थियों की काफी संख्या है। इस कॉलेज में पूरे प्रदेश के विद्यार्थी पढ़ते हैं। जिला केंद्र पर ही डेयरी इंजीनियरिंग कॉलेज भी है। इस कॉलेज में पूरे प्रदेश से विद्यार्थी आते हैं। प्रशासनिक आँकड़ों के अनुसार, जनपद का साक्षरता प्रतिशत 1981 ई. के अनुसार 37. 29 है। पुरुष साक्षरता 48.79 प्रतिशत तथा स्त्री साक्षरता 23.57 प्रतिशत है। जिले में 1981 ई. की जनगणनानुसार 40266 पुरुष स्नातक तथा 8129 महिलाएँ स्नातक हैं। तकनीकी डिप्लोमावाले छात्र-छात्राओं की संख्या 983 हैं। वर्तमान समय में छात्रों की अपेक्षा छात्राएँ शिक्षा के क्षेत्र में अपना प्रतिशत बढ़ा रही हैं।

धर्म

धार्मिक दृष्टि से जनसंख्या का अधिकांश हिंदू धर्मानुयायी है। कुछ कस्बों में मुसलमान जनसंख्या भी है। जिले में ईसाइयों की संख्या नाममात्र है, मात्र इटावा शहर में 4-6 परिवार हैं। 1981 ई. के शासकीय सर्वे के अनुसार जिले में हिंदू 94.3 प्रतिशत हैं तथा मुसलमान 5.3 प्रतिशत हैं। हिंदुओं में सिख पंथ के लोग भी कस्बों एवं इटावा शहर में कुछ संख्या में हैं। पूरे जिले का जनजीवन हिंदू वातावरण से परिपूर्ण है। ग्रामीण क्षेत्र में मुसलमान भी हिंदू रहन-सहन से अलग प्रतीत नहीं होते हैं। शहरों एवं कस्बों में कुछ कट्टरपंथी मुसलमान अपनी अलग पहचान बनाकर रहते हैं, वे बोली की दृष्टि से उर्दू अथवा खड़ी बोली बोलते हैं। एक-दो वर्षों से राम मंदिर (अयोध्या) की घटनाओं से हिंदू-मुसलमानों में बढ़ रही खाई जिले की शांति के लिए चुनौती बन सकती है, किंतु अभी तक जिले में धार्मिक मुद्दे को लेकर दंगा नहीं हुआ है।

जिले में राम, कृष्ण, शंकर, बजरंगबली, देवी-देवताओं आदि का पूजा-पाठ

अधिकतर होता है। राम और कृष्ण को लोग ईश्वर के रूप में मानते हैं। आपस में एक-दूसरे को अभिवादन में 'राम-राम', 'जयराम' तथा कुछ समय से 'जय श्रीराम' का अभिवादन भी जोर पकड़ रहा है। समाज के कुछ लोग अभिवादन में 'जयभीम' भी बोलते हैं। 'जयभीम' बोलनेवाले डॉ. भीमराव अंबेडकर को अपना आदर्श एवं प्रेरणा पुरुष मानते हैं।

जिले के हर क्षेत्र में लोग मंदिरों को अपनी आस्था का केंद्र मानते हैं। मंदिरों में शिव, काली, हनुमान, विष्णु, राधा-कृष्ण, सीता-राम की मूर्तियाँ अधिकतर मिलती हैं। गाँव-गाँव में मठ-मंदिर के अतिरिक्त थान आदि बने हैं, जहाँ पर गाँव के लोग पूजा-पाठ करते हैं। जिले के प्रमुख मंदिरों में देवकली का मंदिर यमुना के किनारे स्थित है। जसवंत नगर खंड में 'ब्रह्माणी देवी', बढ़पुरा खंड में 'पिलुआ के महावीर' (हनुमानजी) का मंदिर बहुत ही प्रसिद्ध है। जहाँ पर बुढ़वा मंगल को लाखों की संख्या में लोग दूर-दूर के कई जिलों से दर्शन करने आते हैं। इटावा नगर में टिक्सी मंदिर, कालीबाड़ी मंदिर, कालीवाहन मंदिर तथा पुरबियाटोला स्थित उदासीन संप्रदाय का बहुत पुराना मंदिर है, जिसमें अखिल भारतीय उदासीन संप्रदाय के अध्यक्ष का आश्रम है। महेबा खंड में लखना कस्बा में काली माँ का प्रसिद्ध मंदिर है, जिसके दर्शन करने के लिए वर्ष में दो बार मेला लगता है। जिले के प्रमुख कस्बों में हर वर्ष विजयदशमी के दौरान 10 दिनों तक रामलीला का आयोजन किया जाता है। जिले में अनेक पशु मेले भी लगते हैं।

सामाजिक स्थिति

जिले में कई जातियों की अच्छी संख्या है, जिसमें जाटव, ब्राह्मण, यादव, शाक्य, राजपूत, ठाकुर आदि हैं। राजनीति के कारण जहाँ एक तरफ छुआछूत और भेदभाव जैसी बीमारी दूर हो रही है, वहीं पर जाति-पाँति को बढ़ावा मिल रहा है। जनपद में राष्ट्रीय स्वयंसेवक संघ के द्वारा चलाए जा रहे सामाजिक समरसता अभियान के फलस्वरूप जाति-पाँति और छुआछूत से ऊपर उठकर लोग अपने को हिंदू स्वीकार करने की दिशा में अग्रसर हो रहे हैं। मुसलमानों में सुन्नी मत के माननेवाले अधिक हैं। शिया मत के मुसलमानों की संख्या कम है, उनमें किन्हीं कारणों से आपस में मत भिन्नता कभी-कभी देखने को मिलती है। सामाजिक जीवन में बहुत सारी पुरानी रूढ़ियाँ धीरे-धीरे समाप्ति की ओर बढ़ रही हैं। एक ही कक्षा में ब्राह्मण व वाल्मीकि के बालक, एक ही साथ बिना आपत्ति के विद्या अध्ययन करते हैं। हर जाति, वर्ग के लोग कुआँ एवं मंदिरों पर बिना किसी रोक-टोक के निस्संकोच भाव से मिलते-जुलते हैं। ग्रामीण क्षेत्र में हिंदुत्व का प्रभुत्व बढ़ने से आपसी भाईचारा स्थापित हुआ है, जिससे समाज में समरसता का वातावरण बन रहा है, किंतु राजनीति के कारण जातीय समस्या समाज में मुखर हो

रही है, जो समाज के लिए अहितकारी है।

जनपद के इतिहास को मोड़ देने वाले भदावर क्षेत्र की प्रमुख भूमिका है। इस क्षेत्र के भदौरिया राजपूत ही इस पूरे पट्टी में शासक रहे हैं। इन्हीं के नाम से इस क्षेत्र में 'भदावरी भैंस' एवं इस क्षेत्र की बोली को जॉर्ज ग्रियर्सन जैसे भाषा सर्वेक्षकों ने 'भदौरी' नाम दिया है। यह क्षेत्र बाह तहसील, बढ़पुरा खंड एवं यमुना के किनारे पट्टी में स्थित है। इस पूरे पट्टी क्षेत्र में भदौरियों का वर्चस्व रहा है एवं वर्तमान समय में भी इस क्षेत्र की प्रमुख जाति भदौरिया राजपूत हैं। ठाकुरों की दूसरी जाति में इस जनपद में सेंगर जाति का महत्त्वपूर्ण स्थान है। विधूना तहसील में सेंगर ठाकुरों की पूरी पट्टी भरी पड़ी है। इस पट्टी में अधिकतर सेंगर बहुल क्षेत्रों में कखावत, कुरसी, भिखरा, सहार, मल्हौसी आदि विधूना तहसील के प्रमुख गाँव सेंगरों से भरे पड़े हैं। सेंगरों के नाम से इटावा जिले में सेंगर नदी है।

जिले में भदौरिया और सेंगर क्षत्रियों के अतिरिक्त चौहान वंश के क्षत्रिय चक्रनगर, सिकरोली, प्रतापनेर, सोंथना आदि क्षेत्रों में बहुत प्रभावी हैं। क्षत्रियों में गौर, गहलोत, कुशवाह, वैस, राठौर आदि वंशों के परिवार भी इटावा में हैं।

जनसंख्या की दृष्टि से यहाँ हरिजनों की सर्वाधिक संख्या है। हरिजनों में जाटव, दोहरे, कठेरिया, धोबी, कोरी आदि उल्लेखनीय जातियाँ हैं। हरिजनों के बाद जनसंख्या की दृष्टि से इटावा में दूसरा स्थान अहीरों का है। जिले की इटावा और भरथना तहसीलों में अहीरों की संख्या सर्वाधिक है। अहीरों में कमरिया और घोषी दो उपभेद मानते हैं। अहीर जाति में देश एवं प्रदेश में कई नेता हुए हैं, जिनमें उत्तर प्रदेश के मुख्यमंत्री मुलायम सिंह यादव तथा केंद्रीय मंत्री बलराम सिंह यादव एवं औसान सिंह यादव उल्लेखनीय हैं।

जनसंख्या की दृष्टि से जिले में ब्राह्मणों का तीसरा स्थान है। यहाँ कान्यकुब्ज, सनाढ्य, गौड़, संगिहा और सारस्वत ब्राह्मणों के कई भेद-उपभेद मिलते हैं। जिले के नगरीय और उपनगरीय क्षेत्रों में वैश्यों की भी कई जातियाँ-उपजातियाँ पाई जाती हैं। जनपद में अग्रवाल, पोरबाल, केसरबानी, गहोई, महाजन, माहेश्वरी, बिश्नोई, दोसर, ओमर, रस्तोगी, मित्तल, तायल, सिंघल आदि वैश्य जातियाँ निवास करती हैं। जिले में कुछ अन्य जातियाँ भी हैं, जिनमें लोधी, काछी, गड़रिया, कुर्मी, कहार, गूजर, बढ़ई, कुम्हार, भाट, नाई, तमोली, तेली, भुज्जी, कंजर, जोगी आदि पिछड़े वर्ग की जातियाँ निवास करती हैं। जनपद में कायस्थों और खत्रियों के भी कुछ परिवार हैं। कायस्थों में सक्सेना, श्रीवास्तव, निगम, माथुर, भटनागर आदि उपभेद के कायस्थ परिवार निवास करते हैं। इसी तरह खत्रियों में टंडन, खन्ना, मल्होत्रा, खुराना, चड्ढा, कपूर आदि वंशों के लोग इटावा में निवास करते हैं। इनके नाम से इटावा नगर में 'खतराना टोला' नाम से

एक मुहल्ला भी बसा हुआ है।

हिंदुओं की रक्षा के लिए सिख पंथ स्वीकार करनेवाले जटाधारी एवं मोना सिखों के परिवार इटावा के व्यापारिक केंद्रों पर निवास करते हैं। 1947 ई. में देश के विभाजन के बाद पाकिस्तान में चले गए भारतीय भूखंड तथा सिंध प्रांत से निकाले गए अनेक सिंधी परिवार इटावा में आकर शरणार्थी के रूप में बस गए हैं। आज भी इटावा में उनके नाम पर एक 'सिंधी बाजार' एवं 'सिंधी कॉलोनी' स्थित है।

जनसंख्या की दृष्टि से सभी जातियों-प्रजातियों का केंद्र होने के कारण इटावा एक लघु भारत प्रतीत होता है। छुआछूत की भावना यहाँ धीरे-धीरे प्रायः समाप्त होती जा रही है, किंतु जातीय विद्वेष की भावना ग्राम पंचायतों से लेकर विधानसभा एवं लोकसभा के निर्वाचनों तक देखने को मिलती है, किंतु समाज के सभी वर्गों में जातिवाद से उत्पन्न तनाव के कारण गहरी चिंता व्याप्त है और इस तनाव से मुक्ति हेतु सामाजिक स्तर पर सक्रियता दिखाई पड़ रही है।

□

अध्याय-द्वितीय

भाषिक स्थिति एवं सीमाएँ

इटावा जनपद भाषिक दृष्टि से पश्चिमी हिंदी क्षेत्र की पूर्वी सीमा पर बसा हुआ है। ब्रज के चौरासी कोस की परंपरागत क्षेत्रीय मान्यता की दृष्टि से इटावा ब्रज क्षेत्र का ही जिला माना जाता है, किंतु इटावा की भाषिक स्थिति का अध्ययन केवल ब्रजभाषा के माध्यम से नहीं किया जा सकता। आगरा, फिरोजाबाद और मैनपुरी जिलों की सीमा से जुड़ी इटावा के सदर तहसील के संपूर्ण बढ़धुरा, जसवंत नगर, वसरेहर तथा भरथना तहसील के ताखा विकास खंड का कुछ भाग ब्रज भाषा से प्रभावित है। मथुरा और आगरा जैसी मानक ब्रजभाषा तो इन क्षेत्रों में नहीं बोली जाती, किंतु उस पर ब्रजभाषा की पूरी छाप स्पष्ट रूप से दिखाई पड़ती है। आगरा जिले की बाह तहसील, फिरोजाबाद की शिकोहाबाद तहसील, मैनपुरी की करहल तहसील तथा भौगाँव तहसील का किशनी खंड ब्रजभाषा का सीमांतीय रूप कहा जा सकता है।

इटावा जनपद के उत्तर में जनपद की भरथना, विधूना, औरैया तहसील का भाग्यनगर विकास खंड कंचौसी की सीमा तक कन्नौजी के प्रभाव क्षेत्र में आता है। इन सीमाओं से जुड़े मैनपुरी जिले की भौगाँव तहसील का बेवर खंड, फर्रूखाबाद जिले की छिबरामऊँ और कन्नौज तहसीलों से जुड़ा इटावा का सीमावर्ती क्षेत्र कन्नौजी के अंतर्गत आता है। राजनीतिक दृष्टि से भी यह क्षेत्र कन्नौज संसदीय निर्वाचन क्षेत्र में समायोजित किया गया है।

जनपद के उत्तरी-पूर्वी क्षेत्र में कानपुर देहात जनपद की घाटमपुर (पुखरायाँ) तहसील और पूर्व में जालौन जिले की कुठोंद क्षेत्र से जुड़ी इटावा जनपद की औरैया तहसील की सीमा अवधी तथा कन्नौजी का संक्रांति क्षेत्र है। यमुना नदी के किनारे के प्रायः दो मील चौड़े भूभाग की ऊबड़-खाबड़ भूमि से जुड़ी इटावा जनपद की यह पूर्वोत्तर सीमा पश्चिम में कन्नौजी तथा पूर्व में उत्तर की ओर अवधी बोली का क्षेत्र है।

इटावा जनपद की पूर्वी सीमा की बोली उत्तर की ओर से बैसबाड़ी से प्रभावित है, किंतु पूर्वी सीमा का दक्षिणी छोर जालौन और हमीरपुर की स्थानीय बोलियों लोघांती तथा बुंदेलखंडी से आंशिक रूप से प्रभावित है।

जनपद की दक्षिणी सीमा पश्चिम में ब्रज तथा पूर्व में बुंदेलखंडी एवं उसके क्षेत्रीय रूपों भदावरी और तोमरगढ़ी से प्रभावित है। पारपट्टी क्षेत्र से उत्तर की ओर यमुना के किनारे बसा इटावा नगर भी बोलियों का एक विचित्र संगमस्थल है। नगर के पुराने शहर के छिपैटी मुहल्ले के चौबे परिवारों में शुद्ध ब्रजभाषा का प्रयोग आज भी प्रचलित है।

माथुर चतुर्वेदियों के इस मुहल्ले में मथुरा और आगरा के ब्रजभाषा के मानक रूप किंचित् परिवर्तन के साथ देखे जा सकते हैं। जहाँ इटावा नगर के छिपैटी मुहल्ले में ब्रज का मानक रूप देखा जा सकता है, वहीं पुरबिया टोला मुहल्ले के लगभग दस हजार निवासी शुद्ध बैसबाड़ी और अवधी बोलते हैं। पुरबिया टोला की बोलचाल, मुहावरे, कहावतें, लोकगीत, लोक संस्कार सबकुछ अवध एवं बैसबाड़ा क्षेत्र से प्रभावित हैं। इटावा नगर के सिविल लाइंस क्षेत्र में मानक खड़ी बोली का स्वरूप देखने को मिलता है तो रेलवे स्टेशन के आस-पास स्थित रेलवे कॉलोनी में देश के विभिन्न भागों से आकर बसे रेलवे कर्मियों की एक नई भाषा संरचना देखने को मिलती है।

जनपद में कुछ खानाबदोश जातियाँ हैं, जो इधर-उधर घूमते हुए एक अनिश्चित भाषा रूप का सृजन करती हैं। जोगी, कंजर, कनफरा, लोहपीटे क्या कपड़िया जाति के लोग पूरे जनपद में भ्रमण करते रहते हैं, इसलिए इनकी बोलियाँ 'खिचड़ी बोलियाँ' कही जा सकती हैं।

इटावा जनपद की सीमावर्ती बोलियों में जाति, अवस्था, वर्ग, व्यवसाय तथा शिक्षा के स्तर के आधार पर अनेक उपरूप भी मिलते हैं, किंतु शिक्षा के बढ़ते प्रसार के कारण अब जातीय आधार पर बोलियों का अंतर बहुत अधिक नहीं है। यदि एक ब्राह्मण तथा चमार की बोली में अंतर है तो वह शिक्षा, शिक्षित व्यक्तियों के संपर्क तथा आजीविका के साधनों के परिवर्तन के कारण ही है। ग्रामीण क्षेत्रों में जातीय बंधन लगभग समाप्त हो गए हैं। स्वतंत्रता आंदोलन में गांधीवादी दृष्टिकोण, राष्ट्रीय स्वयंसेवक संघ द्वारा समग्र हिंदू समाज को समरस बनाने के प्रयास, अंग्रेजी सभ्यता के प्रचार, जमींदारी एवं सामंती प्रथा के उन्मूलन, बसों, ट्रेनों एवं सिनेमाघरों के कारण जाति प्रथाएँ तथा कट्टरताएँ कम हो रही हैं। जातीय कट्टरता के नाम पर चुनाव तो लड़े जाते हैं, किंतु भाषिक परिस्थितियों के निर्माण में अब जातीयता का बहुत योगदान नहीं है।

इटावा जनपद शैक्षिक दृष्टि से उत्तर प्रदेश में 'ए' श्रेणी का जिला माना जाता है। स्कूल, कॉलेज, अस्पताल, कोर्ट-कचहरी, रेडियो और दूरदर्शन के कारण अब मानक हिंदी का प्रचार-प्रसार पूरे जनपद में तेजी से बढ़ रहा है। यातायात की सुविधाओं के

कारण गाँव के लोग प्रायः नगरों में आते रहते हैं। इसलिए नगर में बोली जाने वाली मानक हिंदी का संक्रमण ग्रामीण बोलियों में बढ़ रहा है।

विभिन्न क्षेत्रों में अपने अध्ययन प्रवास के क्रम में शोधकर्ता ने यह अनुभव किया है कि पचास वर्ष से अधिक अवस्थावाले लोगों की बोली में मानक हिंदी के शब्दों का प्रयोग कम है, किंतु पचास वर्ष से नीचे की अवस्थावाले लोगों की बोली में मानक हिंदी तथा अंग्रेजी शब्दों के प्रयोग का प्रतिशत अधिक है। इसी प्रकार पचास वर्ष से अधिक अवस्था वर्ग के लोगों में स्थानीय शब्दावली के प्रयोग का प्रतिशत अधिक है, जबकि पचास वर्ष से कम अवस्था वर्ग के लोगों की बोली में स्थानीय शब्दावली के प्रयोग का प्रतिशत कम है।

इटावा जनपद की सीमावर्ती बोलियों पर अन्य जनपदों की सीमावर्ती बोलियों के प्रभाव का अध्ययन

दक्षिणी सीमा की बोली

इटावा जनपद की दक्षिणी सीमा मध्य प्रदेश के भिंड जिले से जुड़ती है। इटावा जनपद का दक्षिणी क्षेत्र 'पारपट्टी' के नाम से प्रसिद्ध है, जिसमें पूर्व की ओर जालौन जिले की स्थानीय बोलियों, दक्षिण की ओर बुंदेलखंडी तथा पश्चिम की ओर आगरा जिले की बाह तहसील की ब्रजभाषा और बुंदेली का मिश्रित रूप बोला जाता है। पारपट्टी की इस बोली को 'भदावरी' नाम से भी जाना जाता है। जॉर्ज ग्रियर्सन ने भारत के भाषा सर्वेक्षण में ब्रजभाषा के उपरूपों की चर्चा करते हुए भदौरी में अंतरभुक्त ब्रज को अलग से स्थान दिया है। वास्तव में आगरा जिले की बाह तहसील भदावर राज्य का केंद्रबिंदु है और भदावर राज्य का मूल गाँव नौगवाँ बाह तहसील में ही है। 'आगरा गजेटियर' ने भदावर प्रदेश की विस्तार सीमा, अटेर, भिंड, पट्टी, कामैत तथा बाह के सम्मिलित भूभाग तक निर्धारित की है।[1]

वास्तव में यदि ग्रियर्सन द्वारा दिया गया भदौरी नाम स्वीकार कर लिया जाए तो इटावा की दक्षिणी सीमा पर स्थित पारपट्टी की बोली को भदौरी माना जा सकता है। डॉ. उदय नारायण तिवारी ने भदौरी को बुंदेली की उपभाषा स्वीकार करते हुए इस क्षेत्र की बोली को भदौरी के रूप में स्वीकृति प्रदान की है। इस क्षेत्र की बोली ब्रज बुंदेलखंडी तथा ग्वालियरी का मिला-जुला रूप है। ब्रजभाषा के पूर्वी उपरूपों की भाँति पारपट्टी

1. संदर्भ आगरा गजेटियर (1905 ई.), पृ. 89

की इस सीमावर्ती बोली में समीकरण की प्रवृत्ति मिलती है। यहाँ की बोलियों में 'र' के बाद आने वाले व्यंजन का द्वित्व रूप हो जाता है, जैसे उद्द (उर्द), बरधा का (बद्धा) दद्द (दर्द), घस्सें (घरसे), चोल्लेगओ (चोर ले गओ)। भदावर क्षेत्र का यह भौगोलिक उपखंड संपूर्ण रूप से एक सांस्कृतिक इकाई प्रतीत होता है। यमुना और चंबल के बीहड़ों एवं खारों में बसे इस क्षेत्र के लोग अभी भी अपनी बोली को सुरक्षित रखे हुए हैं। इटावा जनपद के औद्योगिक विकास का रथ जनपद की पारपट्टी क्षेत्र में आकर अटक जाता है, इसलिए जहाँ यह क्षेत्र आर्थिक दृष्टि से पिछड़ा हुआ है, वहीं बोली की शुद्धता की दृष्टि से अभी अनेक संक्रमणों से मुक्त है।

पश्चिमी सीमा की बोली

जनपद की पश्चिमी सीमा पर फिरोजाबाद एवं मैनपुरी जिले स्थित हैं। फिरोजाबाद इटावा जनपद के दक्षिण-पश्चिमी तथा मैनपुरी उत्तरी-पश्चिमी सीमाओं से जुड़ा हुआ है। इस दृष्टि से इटावा जनपद की पश्चिमी सीमा दक्षिण-पश्चिम में ब्रज तथा उत्तर-पश्चिम में कन्नौजी से प्रभावित है। फिरोजाबाद सीमा से जुड़ी इटावा जनपद की बोलियों में ऐ, औ, ध्वनियाँ विशेष प्रभाव के साथ दिखाई पड़ती हैं। आवौ, गयौ, उल्टौ आदि रूप यहाँ की बोलियों में दिखाई पड़ते हैं। जहाँ एक वचन में वर्तमान काल में 'मारो' और भविष्यत काल में 'मारियों' वहीं उत्तर-पश्चिमी सीमा पर मारे तथा मारयें रूप मिलता है। उत्तरी-पश्चिमी सीमा पर ब्रजभाषा की तुलना में ए, ओ की अपेक्षा ऐ, औ का प्रयोग अधिक मिलता है। फिरोजाबाद की सीमा पर जहाँ 'गयौ और भयौ' रूप मिलते हैं, वहीं किशनी और बेबर की सीमा से लगे क्षेत्रों में 'गओ और भओ' रूप देखने को मिलते हैं। जसवंत नगर और शिकोहाबाद की सीमा पर 'कौन' ध्वनि का उच्चारण होता है, वहीं किशनी के आस-पास की सीमा में 'कवन ध्वनि' का उच्चारण मिलता है।

उत्तरी सीमा की बोली

इटावा जनपद की उत्तरी सीमा का अधिकतर भाग कन्नौजी के प्रभाव क्षेत्र में आता है। उत्तर में मैनपुरी जिले के बेवर कस्बे से लेकर छिबरामऊ तथा कन्नौज (फर्रूखाबाद) का संपूर्ण क्षेत्र कन्नौजी के प्रभाव क्षेत्र में आता है, किंतु कानपुर देहात एवं घाटमपुर तहसील से जुड़े इटावा के सीमावर्ती क्षेत्र को अवधी एवं बैसबाड़ी का संक्रांति क्षेत्र माना जा सकता है। एस्, वैस्, तेयस् जैसे शब्द रूप औरैया तहसील के क्योंटरा गाँव तथा आगे देखने को मिलते हैं, किंतु विधूना तहसील के उत्तरी छोर पर ये ही शब्द एसो, वेसो, जेसो, तेसो आदि रूपों में देखने को मिलते हैं। कानपुर देहात के पुखरायाँ

तहसील में ये ही शब्द अइस, बइस, जइस, तइस जैसे रूपों में देखने को मिलते हैं। यह क्षेत्र भाषिक दृष्टि से कन्नौजी, अवधी तथा बुंदेलखंडी का एक विशिष्ट संगम भी कहा जा सकता है।

पूर्वी सीमा की बोली

जनपद की पूर्वी सीमा उत्तर में कानपुर देहात से प्रारंभ होकर दक्षिण में जालौन जिले की सीमा को स्पर्श करती हुई मध्य प्रदेश की सीमा में प्रवेश कर जाती है। यह क्षेत्र बुंदेलखंडी, लोधांती, निभट्टाँ, बैसबाड़ी (अवधी) के मिले-जुले रूपों से संयुक्त है। जनपद की पूर्वी सीमा पर मिलने वाली ये कई बोलियाँ यहाँ की बोलियों की पहचान को बहुत अव्यवस्थित कर देती हैं। पूर्वोत्तर सीमा पर अवधी के समाप्त होते-होते बुंदेलखंडी के लक्षण मिलने लगते हैं और यह सीमांकन करना कठिन हो जाता है कि पूर्वी सीमा की बोलियों की भौगोलिक सीमारेखा क्या निर्धारित की जाए?

भाषिक भिन्नताओं और भिन्न-भिन्न बोलियों से घिरे इटावा जनपद की बोलियों का अपना अलग अध्ययनगत संदर्भ है, इसलिए आगामी अध्यायों में जनपद की बोलियों की भाषा वैज्ञानिक विशेषताओं के अध्ययन भाषा विज्ञान के मान्य सिद्धांतों के आधार पर प्रस्तुत करने का उपक्रम किया गया है।

□

अध्याय-तृतीय

इटावा जनपद की ध्वनि समूह बोलियों की ध्वनियाँ

इटावा जनपद की सीमावर्ती बोलियों में ध्वनि समूह का भाषा वैज्ञानिक अध्ययन

इटावा जिले की बोलियों में प्रचलित ध्वनियों का अध्ययन बिना किसी यांत्रिक सहायता के प्रस्तुत किया गया है। इसलिए ध्वनियों और ध्वनि ग्रामों के संबंध में प्रस्तुत अध्ययन की अपनी सीमाएँ भी हैं। भाषा ध्वनियों का अध्ययन सामान्यतया क्लिष्ट कार्य है, किंतु इटावा की बोलियों में प्रयुक्त ध्वनियों (स्वरों तथा व्यंजनों) का वर्गीकरण एवं अध्ययन संपूर्ण सजगता के साथ प्रस्तुत किया गया है। इटावा जिले की बोली में निम्नलिखित ध्वनियाँ मिलती हैं—

(1) स्वर

(2) व्यंजन

(1) स्वर

स्वरों में जिह्वा की सक्रियता उत्थापन, होंठों की स्थिति, मात्रा तथा कोमल तालु के प्रयोग के अनुसार उसके अनेक रूप मिलते हैं। कुछ स्वर मौखिक उच्चरित होते हैं, कुछ नासिक की ध्वनि के रूप में उच्चरित होते हैं।

मूल स्वर निम्नलिखित हैं—

अ, आ, इ, इ, ई, उ, ऊ, ए, ए, ऐ, ओ, ओ, औ

उक्त सभी स्वर अनुनासिक तथा निरुनासिक दोनों रूपों में प्रयुक्त होते हैं। इटावा की बोलियों में संयुक्त स्वरों का प्रयोग नहीं पाया जाता। साधारणतया संयुक्त स्वरों 'ऐ'

मूल-व्यंजन

तालिका नं.-1

	स्पर्श				स्पर्श-संघर्षी		नासिक्य			संघर्षी			पार्श्विक	लघ्वाघातीय		उत्क्षिप्त		अर्थ स्वर
	अघोष	सघोष		अघोष	सघोष		सघोष		अघोष		सघोष	सघोष		लुंठित सघोष		सघोष		सघोष
	अल्प	महा	अल्प	महा	अल्प	महा	अल्प	महा	अल्प	महा	अल्प	महा	अल्प	महा	अल्प	महा	अल्प	महा
काकल्य													ह					
कोमल तालव्य	क्	ख्	ग्	घ्				ङ										
तालव्य																		य
तालु वत्सर्य					च्	छ्	ज्	झ्	ञ्									
मूर्धन्य	ट्	ठ्	ड्	ढ्						ण								
वर्त्स्य										न्	न्ह	स				ल	ल्ह	र
रह																		
दंत्य	त्	थ्	ध	द्														
दंतोष्ठ्य																		व
ओष्ठ्य	प्	फ्	ब्	भ्						म्	म्ह			ब				

तथा 'औ' के स्थान पर अर्द्ध विवृत 'ए' और 'ओ' ध्वनियों का प्रयोग किया जाता है। बोली के अंत में प्रयुक्त होने वाले 'अ' स्वर का उच्चारण प्रायः नहीं होता। इटावा की बोलियों में प्रयुक्त स्वरों का अध्ययन इस रूप में किया जा सकता है—

अ— ध्वनि 'अ' अर्द्धविवृत मध्य ह्रस्व स्वर है। इटावा की बोलियों में इसके उच्चारण में जिह्वा मध्य भाग में ऊपर उठती है। ध्वनि पीछे हटी रहती है तथा इसके उच्चारण में मुँह कम खुलता है, जैसे—अकाल, पेड़, अबेर, छप्पर।
सामान्य बोलने में अंत्य 'अ' का उच्चारण नहीं मिलता है, किंतु संयुक्त ध्वनि तथा अनुस्वार के बाद ध्वनियों में अंत्य 'अ' अभी भी सुरक्षित है, जैसे—भद्दर, पाड़ (पहाड़)।

आ— ध्वनि 'आ' पश्च विवृत स्वर है। ओठ खुले रहते हैं और जिह्वा नीचे रहती है, केवल पीछे थोड़ी सी उठी रहती है। यह 'अ' का दीर्घ रूप मात्र नहीं है। 'अ' और 'आ' दोनों ध्वनियों में उच्चारण स्थान का अंतर है, जैसे आखत, आदत, मँढ़ा।

इ— 'इ' ध्वनि अग्र संवृत ह्रस्व स्वर है। 'ई' की अपेक्षा मांसपेशीय कम तनाव में उच्चारित होती है। निःश्वास मार्ग स्वतंत्र है। जिह्वा अधिक ऊपर नहीं उठती, जैसे—इमली, इतवार।

इ— यह 'इ' का ह्रस्वतर रूप है। व्यंजनांत शब्दों के अंत में इस ह्रस्वतर 'इ' को जोड़ दिया जाता है। इस ध्वनि का उच्चारण बोलियों में कम ही मिलता है, जैसे—मिच्चि, पोखरि, स्कूल।

ई— 'ई' ध्वनि अग्र संवृत दीर्घ स्वर है, जैसे—उखारी, चील, बीस।

उ— 'उ' ध्वनि मध्य संवृत ह्रस्व स्वर है। बोलियों में 'उ' तथा अ का उच्चारण स्थान लगभग एक ही है। उ के उच्चारण में होठ गोल हो जाते हैं। यह ऊ की अपेक्षा कम दृढ़ है, जैसे—गुड़, करुओ, आउ, कुतिया।

उ— यह 'उ' का ही ह्रस्वतर रूप है। व्यंजनांत शब्दों में 'उ' को अंत में जोड़ दिया जाता है, जैसे-अभहालु खाउ, आजु।

ऊ— ध्वनि 'ऊ' संवृत पश्च दीर्घ स्वर है। इस ध्वनि के उच्चारण में ओठ गोल एवं आगे को निकले हुए होते हैं। 'उ' की अपेक्षा होंठ अधिक गोल होते हैं। जैसे—ऊसर, ऊजर, चूलो।

ए— ध्वनि 'ए' अग्र अर्द्ध संवृत दीर्घ स्वर है, जैसे—एसो, चेला, पेट।

ए— अग्र अर्द्ध संवृत ह्रस्य स्वर है। इस स्वर का प्रयोग कम ही होता है, जैसे—नांए (नहीं)।

ऐं— अग्र अर्द्ध विवृत ह्रस्व स्वर है, जैसे—खाए, हाए। इस स्वर का प्रयोग खोजने पर मिलता है।

ऐ— अग्र अर्द्ध विवृत दीर्घ स्वर है। इटावा की बोलियों में इसका प्रयोग पर्याप्त रूप में होता है। जैसे—बड़ेरा (मोटी लकड़ी), खड़ेरा, पन्सेरा।

ओ— ध्वनि 'ओ' पश्च अर्द्ध संवृत दीर्घ स्वर है। इस ध्वनि में होंठ गोल होने का प्रयास करते हैं, जैसे—द्रुको, झुको, रुको।

ओं— इस ध्वनि का प्रयोग कम होता है, जैसे रऑ (रहो)।

औ— पश्च अर्द्ध विवृत दीर्घ स्वर है। फर्रूखाबाद जनपद के सीमावर्ती क्षेत्र में प्रयुक्त होता है, जैसे—औरिका, औरत।

अं— 'अं' ध्वनि अनुनासिक है। बोलियों में अ, इ, ए, उ को छोड़कर सभी स्वरों में अनुनासिक तथा निरनुनासिक दोनों प्रकार से प्रयोग होता है—

	अनुनासिक		**निरनुनासिक**
अ—	अंन्दा	–	अनुआं
	अंजन	–	मारों
	छंगा	–	उजरी (साफ)
	छंन्ना	–	गीली
	खूंटा	–	सुआ (तोता)
	पंछा	–	पुरी
	पंदा	–	आँगे
	आंगे	–	अँगाड़ी
	अंगाड़ी	–	अँगाड़ी

इटावा जिले की बोलियों में अनुनासिक की प्रवृत्ति बढ़ रही है। इटावा के सीमावर्ती जिलों में भी अनुनासिक की प्रवृत्ति आने लगी। अकारण अनुनासिकता के भी उदाहरण मिलते हैं, जैसे—कींच, फींच, चाँउर, काँपी, भाँजी।

दो स्वरों का संयोग भी बोलियों में मिलता है, जैसे—गओए आओ, इओ।

तीन स्वरों के संयोग के भी उदाहरण मिलते हैं, जैसे—अइओ, जइओ, भइओ।

अनुस्वार—स्वरों के अनुस्वार रूप भी मिलते हैं, जैसे—भँबर, आँउरो, अँधरो, फाँस आदि।

मूल-व्यंजन

इटावा जिले की बोलियों में प्रचलित मूल-व्यंजनों को दी गई तालिका से सरलता से समझा जा सकता है। (तालिका न. 1)

स्पर्श-व्यंजन

इटावा की बेलियों में स्पर्श व्यंजन इस प्रकार प्रयुक्त हैं—

क्— क् ध्वनि अघोष अल्पप्राण है। कोमल तालव्य स्पर्श ध्वनि है। जिह्वा का पश्च भाग कोमल तालु के उस भाग की ओर उठता है, जो कठोर तालु से मिलता है और सामान्य रूप से वहाँ अवरोध करता है, जैसे—कपड़ा, टिकिया, चकिया, फाँक।

ख्— ख् ध्वनि कंठ्य अघोष महाप्राण है, जैसे—खेरो, मुखिया, अनुख।

ग्— ग् ध्वनि कंठ्य सघोष अल्प प्राण है। कोमल तालव्य स्पर्श करती है। मुख में क के समान अवरोध होता है। जैसे—मगर, गन्ना, टाँग।

घ्— घ् ध्वनि कंठ्य सघोष महाप्राण है, जैसे—घुड़िया, बघिया, घाघ।

ट्— ट् ध्वनि मूर्द्धन्य अघोष अल्पप्राण है। जिह्वा की नोंक का निचला तला मसूढ़े के खुरखुरे स्थल के ठीक ऊपर कठोर तालु के चिकने तल को छूकर श्वास मार्ग का अवरोध करता है, जैसे—टटको, मटरा, मसट्ट।

ठ्— ठ् ध्वनि मूर्द्धन्य अघोष महाप्राण है, जैसे—ठेका, गुठिली, साठ।

ड्— ड् ध्वनि मूर्द्धन्य सघोष अल्पप्राण है। ट के समान उच्चारण होता है, जैसे—डलिया, बडारी, डालडा।

इस ध्वनि शब्दांत में ड् का प्रयोग प्रायः कम होता है।

ढ्— ढ् ध्वनि मूर्द्धन्य सघोष अल्पप्राण है, जैसे—ढकनां, बढ़नी, बाढ़।

इस ध्वनि का उच्चारण शब्द के अंत में प्रायः प्रयोग नहीं होता है।

त्— त् ध्वनि अघोष अल्पप्राण है। जिह्वा का अग्रिम हिस्सा नीचे और ऊपर के दोनों दाँतों को स्पर्श कर श्वास मार्ग रोकता है, जैसे—तिदवारी, खातिर, परख।

थ्— थ् ध्वनि दंत्य अघोष महाप्राण है, जैसे—थप्पड़, पथना, नाँथ।

द्— द् ध्वनि दंत्य सघोष अल्पप्राण है। त के समान श्वास मार्ग अवरोध करती है, जैसे—दबाइत, बदमांस, स्वाद।

ध्— ध् ध्वनि दंत्य सघोष महाप्राण है, जैसे—धारिया, गीध, बाँध।

प्— प् ध्वनि ओष्ठ्य अघोष अल्पप्राण है, जैसे—पत्ता, कपड़ा, झाँप।

फ्— फ् ध्वनि ओष्ठ्य अघोष महाप्राण है, जैसे—फल्का, बर्फ, साफ।

ब्— ब् ध्वनि ओष्ठ्य सघोष अल्पप्राण है, जैसे—बेर, सबेरे, लाब।

भ्— भ् ध्वनि ओष्ठ्य सघोष महाप्राण है, जैसे—भार, भाबई।

स्पर्श संघर्षी व्यंजन

च्— च् ध्वनि स्पर्श संघर्षी अघोष अल्पप्राण है, जैसे—चकुआ, कचूमर, कचहरी।

छ्— छ् ध्वनि स्पर्श संघर्षी सघोष महाप्राण है, जैसे—छप्पर, पछआव, पूँछ।

ज्— ज् ध्वनि स्पर्श संघर्षी सघोष अल्पप्राण है, जैसे—जंगल, काजर, नाँज।

झ्— झ् ध्वनि स्पर्श संघर्षी सघोष महाप्राण है, जैसे—झकरा, बिझरा, साँझ।

ङ— ङ अनुनासिक सघोष अल्पप्राण कंठ्य ध्वनि है। इसका प्रयोग कम है, जैसे—कङ्गन, कङ्गाली।

ञ्— ञ् अनुनासिक सघोष अल्पप्राण तालव्य ध्वनि है। इसका भी प्रयोग इटावा जिले की बोलियों में बहुत कम होता है।

न्— न् ध्वनि अनुनासिक सघोष अल्पप्राण दंत्य ध्वनि है। इसका प्रयोग पर्याप्त है, जैसे—निमरिया, कनपटी, सालन (सब्जी)।

न्ह्— न् का महाप्राण रूप है। इटावा की बोलियों में कम प्रयुक्त है, जैसे—न्हात, न्हारि, पन्हारी।

म्— म् ध्वनि अनुनासिक सघोष अल्पप्राण ओष्ठ्य ध्वनि है, जैसे—मिचुआ, तुमसे, काम।

म्ह्— यह मूल ध्वनि म् का महाप्राण रूप है, जैसे—म्हाँक, सम्हारो, हम्हारो।

पार्श्विक

ल्— ल् ध्वनि पार्श्विक सघोष अल्पप्राण वर्त्स्य है, जैसे—लग्गी, पलंगा, माल। इटावा की बोलियों में ल ध्वनि न् में परिवर्तित भी हो जाती है, जैसे—लखनऊ, नखनऊ, नखलऊ, बाल्टी, बान्टी।

ल्ह्— यह मूल ध्वनि ल् का महाप्राण रूप है, जैसे—ल्हार, चूल्हो, मल्हा।

लघ्वाघातीय

र्— र् ध्वनि लघ्वाघातीय सघोष अल्पप्राण मूर्द्धन्य की है। यह ध्वनि मूर्द्धन्य तथा वर्त्स्य के बीच की है, जैसे—रणवीर, राउतो, हार।

रह्— यह मूल ध्वनि र् का महाप्राण रूप है, जैसे—रहात्, बहात, बरहाई।

उत्क्षिप्त

ड़— उत्क्षिप्त सघोष अल्पप्राण मूर्द्धन्य ध्वनि है। शब्दों के प्रारंभ में इसका प्रयोग नहीं होता है, जैसे—लड़कों, लाड़, जड़को।

ढ़्— उत्क्षिप्त सघोष महाप्राण मूर्द्धन्य ध्वनि है। इसका भी प्रयोग शब्द के प्रारंभ में नहीं होता है, जैसे—कढ़ाई, अढ़ाई, पढ़ाई।

संघर्षी

ह्— संघर्षी सघोष स्वरयंत्रमुखी ध्वनि है। महाप्राण ध्वनियों में सघोष ह् निहित रहता है, जैसे—हार, बहार, देंह।

स्— संघर्षी सघोष दंत्य ध्वनि है, तालव्य श और मूर्द्धन्य ष का उच्चारण इटावा की बोलियों में नहीं होता है, जैसे—साग, पसेरी, परस। शीत-सीत, नाश-नांस, शंकर-संकर।

अर्द्धस्वर

य्— य् तालव्य ध्वनि है। बोली में उच्चारण अधिक नहीं होता है, जैसे—याद, ब्याद, भैया।

व्— ओष्ठ्य अर्द्धस्वर है। इसका उच्चारण बोलियों में कभ होता है। इसके स्थान पर ब का प्रयोग होता है। कुछ शब्दों के बीच में प्रयोग होता है, जैसे—ज्वार, स्वाद।

विदेशी शब्दों की ध्वनियाँ

इटावा जिला एवं सीमावर्ती क्षेत्रों में विदेशी शब्द पर्याप्त संख्या में विदेशी ग्रामीण बोलियों में सामान्य रूप से व्यवहृत हैं। इन शब्दों की ध्वनियाँ बोली की अपनी ध्वन्यात्मक प्रकृति के अनुकूल उच्चारित होती हैं। दूसरी भाषा आने के कारण उसी भाषा के उच्चारण का अनुसरण यहाँ की बोलियों में मिलता है।

(अ) फारसी ध्वनियाँ

ध्वनियों में इ, ई, उ, ऊ, ए, ओ प्रायः उच्चरित हैं। फारसी शब्दों में व्यंजन के क्,ग्, च्, ज्, त्, द्, प्, व्, न्, म्, र्, ल्, स्, य् आदि इटावा की बोलियों में परिवर्तन है।

करेजो	–	कलेजा
फोज	–	फौज
जघे	–	जगह
नाइब	–	नायब
सिपाई	-	सिपाही
दरजी	–	दर्जी
सराफ	–	सर्राफ
मिस्तिरी	–	।मेस्त्री
अंदाज़्	–	अंदाज

पहिलवान	–	पहलवान्
जमींन	–	जमीन
मज्दूर	–	मजदूर
दबात	–	दवायत
चद्दरा	–	चादर
कुरता	–	कुर्ता
बरफी	–	बर्फी
कुलपी	–	कुलफी

(ब) अंग्रेजी ध्वनियाँ

इटावा जनपद की बोलियों में बहुत से अंग्रेजी के शब्द हिंदी में घुल-मिल गए हैं। अंग्रेजी के बहुत स्वरों का बोली में लोप हो गया है। मूल स्वरों में से अधिकांश स्वर मिलते हैं, जिनमें अ, इ, ई, उ, ऊ, ए, ऐ, ओ तथा औ प्रस्तुत बोली में प्रयोग होता है। अंग्रेजी की ध्वनियाँ उसी रूप में अपने स्थान पर रहती हैं। कुछ शब्दों की ध्वनियाँ इस प्रकार प्रयुक्त होती हैं—

टिकस	–	टिकट
पुलस	–	पुलिस
इस्कूल	–	स्कूल
बोड	–	बोर्ड
कानिस्टबिल	–	कांस्टेबिल
अंजीनियर	–	इंजीनियर
पोस्काट	–	पोस्ट कार्ड
किलरक	–	क्लर्क

ध्वनियों की उच्चारण संबंधी विशेषताएँ

(अ) समीकरण

शब्दों की उच्चारण संबंधी कठिनाई के समाधान के लिए अन्य जनपदों की बोलियों की तरह इटावा जनपद की बोलियों में भी समीकरण की प्रवृत्ति देखने को मिलती है। पालि प्राकृत और अपभ्रंश में समीकरण की जो प्रक्रिया देखने को मिलती है, उसका किंचित् परिवर्तित रूप इटावा की बोलियों में देखने को मिलता है। समीकरण की यह प्रवृत्ति जहाँ विदेशी और संस्कृत की तत्सम शब्दावली में देखने को मिलती है, वहीं इटावा

की बोलियों में भी मुख–सुख के कारण परिवर्तित होती रही है, उदाहरण के लिए—

लेन्टर्न	–	लालटेन
आर्डली	–	अर्दली
लोन्ग क्लाथ	–	लन्कलाट
मजदूर	–	मजूर
मेहनत	–	मेन्ति
रास्ता	–	रस्ता
लड़त	–	लत्त
धरती	–	धत्ती
जसवंत नगर	–	जसन्न
मगरनी	–	मगन्नी
एकादसी	–	एकास्सी
दर्शन	–	दस्सन

पद के अंत में आने वाले र् बाद में आने वाले ल् और ड् ध्वनियों के साथ समीकृत हो जाते हैं, जैसे—

चोर ले गओ	–	चोल्लेगओ
चार लरका	–	चाल्लरका
सारे डिराये गओ	–	साड्डराये गओ

(ब) संधि

इटावा जनपद की बोलियों में समीकरण के समान ही संधियों की भी प्रवृत्तियाँ देखने को मिलती हैं। इटावा की बोलियों में संधियाँ स्वर या व्यंजन के किसी निश्चित नियम के अंतर्गत नहीं होता, बल्कि मुख–सुख के कारण उनमें ध्वन्यात्मक संयोजन हो जाता है, उदाहरणार्थ—

आज रात	–	आर्राति
मास्टर साहब	–	मांस्साब
पाँच से	–	पाँन्से
खोद डारो	–	खोड्डारो
फोर डारो	–	फोड्डारो
पर रहा	–	पर्रा
जोर से	–	जोस्से
मार दओ	–	माद्दओ

भाग जइये	–	भज्जये
बिन ने	–	बिन्ने
उन ने	–	उन्नें

कहीं-कहीं दो शब्दों से अधिक की संधियाँ भी हो जाती हैं। उदाहरणार्थ—

सिग घर की	–	सिग्गरई
चोर ले गओ	–	चोल्लेगओ

कहीं-कहीं दो शब्दों में संधि करके उनका रूप संक्षिप्त कर दिया जाता है, जैसे—

दस-दस	–	दद्‌दस
दो-दो	–	दुद्‌देव
इत्तो-इत्तो	–	इत्तोत्तो (इत्तनों)
दस जनें	–	दज्जनें
जात हती	–	जात्तीं
चार लोंड़ा	–	चालोंड़ा

(स) ध्वनि लोप

इटावा की बोलियों में स्वर तथा व्यंजन दोनों के लोप होने की प्रवृत्तियाँ मिलती हैं।

स्वर लोप

जनपद की बोलियों में कहीं-कहीं स्वरों का लोप मुख-सुख, शीघ्रता अथवा स्वराघात के कारण हो जाता है—

अनाज	–	नांज
अहाता	–	हाता (हातो)
अपयें	–	पयें
अभिहाल	–	भिहाल

व्यंजन लोप

बोलियों में, स्थानों पर व्यंजनों का लोप हो जाता है। रेफयुक्त व्यंजनों में प्राय: लुप्त हो जाता है। कहीं-कहीं व्यंजनों, ध्वनियों का लोप हो जाता है और उसके स्थान पर केवल स्वर रह जाते हैं—

सर्दी	–	सद्‌दी
बर्दी	–	वद्‌दी
उर्द	–	उद्‌द

हमारे	–	हमाए
तुम्हारे	–	तुमाए
अपनी	–	अपईं
यार	–	आर
चिल्लाय	–	चिल्लाए
उपवास	–	उपास
गहार	–	गार
महातारी	–	मातारी

(द) आगम

इटावा जनपद की बोलियों में ध्वन्यागमन के दो रूप मिलते हैं—स्वरागम एवं व्यंजनागम।

स्वरागम

स्वरागम के उदाहरण इस प्रकार हैं—

बरात	–	बराइत
परांठों	–	परांउठो
उजेरो	–	उजियारो
दबात	–	दबाइत

व्यंजनागम

बोलियों में कहीं-कहीं व्यंजन ध्वनियों का भी आगमन होता है—

लास	–	ल्हास
आलस	–	आलकस
डेढ़ा	–	डेहुड़ा
सीधो	–	सूधरो

स्वर अनुरूपता

स्वर अनुरूपता के उदाहरण इटावा की बोलियों में बहुत कम मिलते हैं। उदाहरणार्थ—

इमली	–	इमिली
अमिरती	–	इमरिती
कुछ	–	कुछु

ध्वनि विपयर्य

इटावा जनपद की बोलियों में स्वर तथा व्यंजन विपयर्य के कुछ उदाहरण मिलते हैं। इस स्थिति में किसी शब्द के स्वर या व्यंजन एक स्थान से दूसरे स्थान पर चले जाते हैं। जैसे—

उकताय	–	अकुताय
कुछ	–	कछु
लखनऊ	–	नखलऊ
बिचल	–	बिल्च
नहान	–	हनान
फाँक	–	खाँप
डूब	–	बूड़
कड़ोर	–	किड़ोर
मतलब	–	मतबल
यहाँ	–	हियाँ

ध्वनि परिवर्तन

जनपद की बोलियों में ध्वनि परिवर्तन के कई अन्य उदाहरण भी मिलते हैं। कहीं-कहीं अल्पप्राण ध्वनियों का महाप्राणीकरण तथा महाप्राण ध्वनियों का अल्पप्राणीकरण हो जाता है।

महाप्राणीकरण

अबे	–	अभे
इकट्ठो	–	इखट्टो
गाड़ी	–	गाढ़ी
पटांको	–	पटाखों

अल्पप्राण व्यंजन के बाद यदि 'ह' ध्वनि आती है तो कई स्थानों पर अल्पप्राण ध्वनियाँ महाप्राण में बदल जाती हैं—

जहर	–	झंहर
बहोंत	–	भौत
बेहंरे	–	भेंरें

अल्पप्राणीकरण

इटावा जनपद की बोलियों में अल्पप्राणीकरण की प्रवृत्ति अधिक देखने को मिलती है—

यहाँ	–	याँ
वहाँ (महाँ)	–	वाँ (माँ)
कहानी	–	कानी
कोहनी	–	कोनी
राहतते	–	रान्ते
महाराज	–	माराज
भूखे	–	भूंके
सूखो	–	सूको
शहद	–	सैद

कहीं–कहीं शब्द में प्रयुक्त महाप्राण व्यंजन का पूर्ण लोप हो जाता है अथवा ह – अ में बदल जाता है, जैसे—

हते	–	ते
कही	–	कई
सही	–	सई
साहूकार	–	साऊकार
तिहाये	–	तिआये

अनुनासिकता

इटावा जनपद की बोलियों में अनुनासिकता की प्रवृत्ति स्वाभाविक रूप से हिंदी की अन्य बोलियों की तुलना में अधिक है। प्राणवायु का सहज मार्ग नाक है, इसलिए अनुनासिक ध्वनियों का सहज उच्चारण इटावा जनपद की बोलियों में बहुत अधिक देखा जाता है, जैसे—

आगे	–	आंगे
ओठ	–	ओंठ
हाथ	–	हांत
इटाये	–	इटायें

इटावा की बोलियों में कुछ शब्दों में द्वित्तीकरण की प्रवृत्ति अधिक पाई जाती है, जैसे—

दादा	–	दद्दा

काका	–	कक्का
बाबा	–	बब्बा
नाना	–	नन्ना
लला	–	लल्ला
चाचा	–	चच्चा

इटावा में जसवंत नगर तथा शिकोहाबाद की सीमा पर लगभग 20 कि.मी. की पट्टी में 'ल' के स्थान पर 'न' का प्रयोग किया जाता है—

चल्दओ	–	चन्दओ
बाल्टी	–	बान्टी
कलसा	–	कन्सा
उलट	–	उन्ट
धड़ल्ले	–	धड़न्ने
जंल्दी	–	जंन्दी
इल्जाम	–	इन्जाम
पलंग	–	पनंगा
गूलर	–	गूनंर
बेल्चा	–	बेन्चा
कल्छुली	–	कन्छुनी

सघोषीकरण

इटावा जनपद की बोलियों में कहीं-कहीं अघोष ध्वनियाँ सघोष में परिवर्तित हो जाती हैं, जैसे—

पंक्ति	–	पंगत
प्रकट	–	प्रगट
साक	–	साग

अघोषीकरण

इटावा जनपद की बोलियों में अघोषीकरण के कुछ उदाहरण देखने को मिलते हैं—

मदद	–	मदत
अदद	–	अदत
सब्को	–	सप्को
जबते	–	जप्ते

मूर्धन्यीकरण

जनपद की बोलियों में मूर्धन्य ध्वनियाँ कभी–कभी अपने स्वतंत्र नियम के अनुसार बदलती रहती हैं, जैसे—

कड़ुओ	–	करुओ
लिपिट	–	लिभिड़
दाह	–	डाह

स्वर भक्ति

जनपद की बोलियों में संयुक्त व्यंजनों के समीकरण के सिद्धांत के अपवाद स्वरूप भी संयोग नहीं बने रह सके। इसलिए स्वर भक्ति द्वारा संयोगों में वियोग लाकर बोलियों में सरलता लाने की चेष्टा दिखाई पड़ती है। अनपढ़ या कम पढ़े–लिखे लोग व्यंजन संयोजन का विभाजन स्वर भक्ति के माध्यम से कर लेते हैं, जैसे—

क्लेस	कलेस (किलेस)
मिश्र	मिसिर
शुक्ल	सुकुल
व्रत	बिरत
ट्रेन	टिरेन
फ्रांक	फिरांक
ड्राईवर	डिराईवर

इटावा जिले की बोलियों के ध्वनि का अध्ययन करने पर सामान्यतया यह प्रवृत्ति पूरे सीमावर्ती क्षेत्रों में देखने को मिलती है कि यहाँ मुख–सुख का ध्यान रखा जाता है। उच्चारण की सुविधा के लिए ध्वनियों का सरलीकृत रूप पूरे जिले में देखने को मिलता है। अंग्रेजी, फारसी आदि विदेशी ध्वनियों के सरलीकृत रूप जिले में मिलते ही हैं। मानक हिंदी की ध्वनियों के भी उच्चारण में मुख–सुख का सहारा अधिक लिया जाता है। कुछ क्षेत्रों की बोलियाँ श्रुति की दृष्टि से सुखद तथा कुछ कर्णकटु भी हैं। ब्रजभाषा की मधुरता और यहाँ के बीहड़ों में रह रही अक्खड़ता ने यहाँ की ध्वनियों को मधुर एवं कटु आयाम प्रदान किए हैं।

□

अध्याय-चतुर्थ

इटावा जिले की सीमावर्ती बोलियों में संज्ञा रूपों का अध्ययन

इटावा जनपद की सीमावर्ती बोलियों में संज्ञा रूपों का भाषा वैज्ञानिक अध्ययन

भारतीय आर्य भाषाओं के हिंदी वर्ग के इतिहास में संज्ञा रूपों का परिवर्तन दुरूहता, विविधता और सरलीकरण की अनेक प्रवृत्तियों से प्रभावित रहा है। आधुनिक भारतीय आर्य भाषाओं का उदय सरलीकरण एवं एकरूपता की प्रवृत्ति के परिणामस्वरूप हुआ। ऐसा प्रतीत होता है कि संज्ञा रूपों के निर्धारण की दृष्टि से आधुनिक भारतीय आर्य भाषाओं (विशेष रूप से हिंदी बोलियों) ने पूर्ववर्ती भाषाओं के व्याकरण से कुछ अधिक ग्रहण नहीं किया। संज्ञा रूपों के वैदिक और संस्कृत तीनों लिंगों तथा तीन वचनों के स्थान पर हिंदी एवं उसकी सभी बोलियों में दो लिंग और दो वचन मिलते हैं। इटावा की समस्त सीमावर्ती बोलियों में भी यही प्रवृत्ति देखने को मिलती है। मध्य भारतीय आर्य भाषाओं में जहाँ व्यंजनांत शब्द लगभग समाप्त हो गए और केवल स्वरांत प्रातिपदिक ही शेष थे, वहीं इटावा की बोलियों में पदांत ह्रस्व स्वरों का लोप दिखाई पड़ता है तथा अधिकांश अकारांत शब्द तो व्यंजनांत ही हो गए हैं।

इटावा जनपद की सीमावर्ती बोलियों में अन्य हिंदी बोलियों की भाँति संज्ञाएँ प्रयुक्त हैं। इटावा जनपद की सीमावर्ती बोलियाँ कई बोलियों से प्रभावित होने के कारण बहुआयामी हैं। इसके संज्ञा रूपों में भी एकरूपता का अभाव है। संज्ञा रूपों के कुछ उदाहरण निम्नलिखित हैं—

पुल्लिंग संज्ञा

आ— लोंड़ा (लड़का), घोड़ा, उढ़ना (कपड़ा), मढ़ा (मिट्टी का बना हुआ कमरा), चिम्टा, चीमटा (चिमटा)।

ई— घी, जी (जी ठीक नाईं)।

उ— बीजु, आमु।

ऊ— नीम्बू, नीमूं, चक्कू, बारू (बालू), डाँकू (डाकू)।

ए— चोबे, दुबे, पड़ि।

ओ— जबासो (कटिदार, खरपतवार), चूलो (चूल्हा), काँटो, जुआँरो (बैलों के कंधे पर रखनेवाला जुआ)।

औ— चारौ, पाँचौ, आठौ।

क्— अदरक्, ढाँक्, पलक् (आँख का)।

ख्— पंख्, शंख्।

ग्— सींग्, बाग्, साग्, (चना के पौधे द्वारा बनी हुई सब्जी)।

घ्— पाघ् (मिठाई बनाने के लिए चीनी की चासनी), घाघ् (पुराना एवं चतुर व्यक्ति), वाघ् (जानवर)।

च्— काँच्, पाँच्, साँच्।

छ्— गुच्छ् (पेड़ में फलों का गुच्छा)।

ज्— नांज् (अनाज), बाज् (पक्षी), जाज् (जहाज)।

झ्— झाँझ (हाथ से बजाने का छोटा यंत्र)।

ट्— रेंहट (सिंचाई हेतु कुआँ बाल्टी), पेन्ट, पेट, सेट्, खाट।

ठ्— मेठ् (ठेकेदार से छोटा), काठ्, पाठ्, साठ (साट भी बोलते हैं)।

ड्— सांड्, माँड् (चावल बनने के बाद शेष पानी), डूँड्।

ढ्— कोढ़, डोंढ़ (क्रोध में पेट को)

त्— खेत्, भात् (बने हुए चावल), सात् (शहद्), परात् (पीतल की बड़ी थाली)।

थ्— हाथ्।

द्— सलाद् (भोजन के साथ खाया जाता), दमाद्, दूद् (दूध), बाँद् (बाँध)।

ध्— बाँध, खाँध (खाँद)।

न्— कान्, आँगन, बासन (बरतन)।

प्— साँप्, छाप्, बरप (बरफ)।

फ्— बरफ्, असराफ्, (शाप) (भरथना-विधूना तहसीलों में प्रयुक्त होता है सोंफ्।

ब्— बल्ब, तलब (तंबाकू की तरह), लोब् (लोभ)।

भ्— डाभ् (चारपाई बुनने के लिए रस्सी बनाते), लोभ्।

म्— बदाम् (बादाम), आम्, घाम् (धूप), मोम्।

र्— कहार्, ऊसर्, मूंसर्, खर् (सरसों की पिराई के बाद बची हुई खली)।

ल्— सैल (टॉर्च के सेल), मैल् (शरीर पर गंदगी), बैल्, साल् (वर्ष)।

व्— घाव्, दरवा (मुरगियों के रहने का स्थान)।

स्— बाँस्, ल्हास (पारपट्टी क्षेत्र में), लाश (भरथना तहसील), फूँस्।

स्त्रीलिंग संज्ञाएँ

अ्— भूक्, दार्।

आ— छिरिया (बकरी), पड़िया (भैंस का लघु रूप), गैया (गाय), गिलहरिया, बिलैया, गगरिया।

इ— पोखरि, मुक्ति।

ई— मोंड़ी, गड़ासी, लग्गी (डंगनियाँ), डोकरी, उखरी (घर में चावल आदि कूटने का स्थान)।

उ— घासु, खालु (आगरा सीमा)।

ऊ— बारू, बहू, तंमाकू।

ए— भोयें, मुहरें।

क्— जोंक्, बंदूक, सड़क्।

ख्— ईख्, कोख् (पेट के हिस्से को)।

ग— 'हींग्, मूंग्, टाँग् (पैर)।

घ— जाँघ।

च्— आँच (अग्नि), साँच।

छ्— पूँछ्, मूँछ्।

ज्— खाज् (खुजली), बाज (पक्षी)।

झ— बाँझ, साँझ (शाम)।

ट्— खाट्, टीसर्ट् (कमीज)।

ठ्— ओंपठ् (सिंचाई के बाद खेत में जोतने लायक स्थिति), सोंठ्।

ड्— भिन्ड्ी, ठोडी।

ढ्— बाढ़।

त्— रेत्, दबात्, बर्षात्।

थ्— नाँथ् (जानवरों की नाक में डाली जाने वाली रस्सी), हांथ (हाथ)।

द्— खाद्, थोंद्, नांद्, मबाद्।

ध्— सेंध् (किसी के घर में चोरी हेतु छेद)।

न्— नांप्, पाप्, जीप्।

फ्— बरफ्, सोंफ्।

ब्— करब् (पशुओं को खिलाने के लिए लंबा पौधा), जीब् (जीभ)।

भ्— जीभ्।

म्— शांम्, फोम् (प्लास्टिक की प्रजाति)।

र्— फुआर् (वर्षा की छोटी-छोटी बूँदें), बिआर (वायु) मुहोर्।

ल्— जेल्, गुलेल (पक्षियों को मारने का छोटा यंत्र), खाल्।

व्— नाव्।

स्— ओस्, सास्, ल्हास (मृत शरीर)।

ह्— छाँह, बाँह, कलह्।

पुल्लिंग संज्ञाओं को स्त्रीलिंग बनाने में ई, न्नी, इन, इया, यान तथा नी जोड़कर प्रयुक्त है—

ई— लरका - लरकिनी
ठग - ठगनी
घोड़ा - घुड़नी
ऊँट - ऊँटनी (ऊँ-उँ में बदल गया)

न्नी— मास्टर - मास्टन्नी - मास्टन्न

चौधरी चौधन्नी (चौधन्न तथा चौधन्नी) पारपट्टी में प्रयुक्त होता है।

मोर - मोन्नी
शेर - शेन्नी

इया— फोंरा (फांवड़ा) - फोंरिया
पड़ा (भैंस का बच्चा) - पड़िया
पडन्ना - (कानपुर सीमा में प्रयुक्त होता है)।
डुकरा - डुकरिया
सुअरा - सुअरिया
बुकरा - बुकरिया

आइन—

पंडित - पंडिताइन
नेता - नेताइन

हलबाई	–	हलबाइन
ठाकुर	–	ठकुराइन
पंडित	–	पंडिताइन (पंडितानी) - विधूना-भरथना तहसील में प्रयुक्त
सढ़बाई	–	सढ़बाइन
लाला	–	ललाइन

नी—

ठाकुर	–	ठकुरानी
सेठ	–	सेठानी
पहलवान	–	पहलवानी

इटावा जनपद की सीमावर्ती बोलियों में संज्ञा एकवचन से संज्ञा बहुवचन में 'न' प्रयुक्त होता है—

एकवचन		**बहुवचन**
लरका	–	लकरन
मोड़ी	–	मोंड़िन
लोंड़ा	–	लोंड़न
खेत	–	खेतन
कुरसी	–	कुर्सियन
पड़ा (भैंस का बच्चा)	–	पड़न
बुकरा	–	बुकरन
छिरिया	–	छिरियन
घर	–	घरन

विदेशी संज्ञाएँ

हिंदीभाषी प्रदेशों पर हजारों वर्ष से विदेशी शासन का प्रभाव रहा है, जिससे हिंदी भाषा में विदेशी शब्द हिंदी शब्दों की तरह प्रचलित हैं। विदेशी शब्दों में कुछ ऐसे शब्द प्रचलित हैं, जिन्हें हिंदी भाषा से निकालना कठिन है। कुछ शब्द पूरी तरह हिंदी के शब्दों में घुल-मिल जाते हैं, जिनका बिना अध्ययन किए विदेशी शब्द नहीं समझा जा सकता है—

अल्ला, मुल्ला, नाइब (नायब), तोप, बंदूक, मोच्चा (मोर्चा), सिक्का, सूबेदार, वकील, स्यायी, कारीगर, कारखाना, दरजा, कैंची, गज, हलबाई, मित्तरी (मिस्तरी), मजदूर, दलाल, साबुन, कुड़ता (कुरता) कमीज, चद्रा (चाददरा), रजैया (रजाई),

रूमाल, अमरूद, समोंसा, बरफी, जलेबी, कुलपी (कुलफी), मेज, कुस्सी (कुरसी), हुक्का, शीशा।

इटावा जनपद की सीमावर्ती बोलियों में अरबी, फारसी के शब्द भी हिंदी शब्दों की भाँति प्रयुक्त हैं—

गोस (मांस), जुआन (जबान), सक (शक), फरक (फर्क), हिसाब, हालत, मरम्मत, हिपाजित (हिफाजत)।

अंग्रेजी संज्ञाएँ

अंग्रेजी के भारत में आगमन के साथ उन्नीसवीं शताब्दी से हिंदी में अंग्रेजी शब्दों का समावेश प्रारंभ हुआ। शिष्ट समाज में तो अंग्रेजी के ये शब्द अपने मूल रूप में प्रयुक्त होते हैं, किंतु इटावा जनपद के ग्रामीण क्षेत्रों में अंग्रेजी शब्दों के प्रयोग में बहुत अधिक विकृति आ गई। जिन व्यक्तियों की शिक्षा का स्तर ऊँचा है, वे तो अंग्रेजी उच्चारण की दृष्टि से बहुत अधिक बदली हुई दिखती है। अंग्रेजी के इन शब्दों में शासकीय अधिकारियों, कोर्ट, कचहरी, पहनावा, वेशभूषा और सामान्य प्रयोग में आने वाली वस्तुओं के नाम सम्मिलित हैं। गाँव में रेलवे, पुलिस, पोस्ट ऑफिस, मशीनरी तथा अन्य विषयों से संबंधित अंग्रेजी भाषा के कई शब्द प्रयोग किए जाते हैं। कुछ प्रमुख अंग्रेजी तथा अन्य यूरोपीय भाषाओं के शब्द हिंदी बोलियों में इस रूप में प्रयुक्त होते हैं—

पतरोल (पट्रोल), अपील, इस्टाम, कानिसटेबल (कान्सटेबिल), गारद (गार्ड), जज, कोट (कोर्ट), बोड (बोर्ड), मजिहेटेट (मजिस्ट्रेट), रपट (रिपोर्ट), बारंट (वारंट), डिप्टी, मोटर, रेल, अंजन (इंजन), पलस्तर, बिडिंग (बिल्डिंग), कम्पोटर (कंपाउंडर), अंजीनीयर (इंजीनियर), ओबरसियर, डॉग्डर (डॉक्टर), पोस्मास्टर (पोस्ट मास्टर), किलरक (क्लर्क), अपसर (अफ्सर), आपिस (ऑफिस), सूंटर (स्वेटर), कालर, बटन, बूँट (बूट), पोलटिस (पॉलिटिक्स), डिलाईवर (ड्राईवर), रेड़ियो (रेडियो), साकिल, फोटू, कांपी, पेन, पिन, पेंसिन, पेंसिल, फोस्स, बोट (वोट), रिजन्ट (रिजल्ट), बोतल, माचिस, बिस्कुट, बुसेट, टीसेट, पिन्ट (पेंट), रिबारबर, टेलीबीजन, स्कूल, एमेले (एम.एल.ए.), एमपी (एम.पी.)।

रूप रचना

जनपद की सीमावर्ती बोलियों में संज्ञा के दो रूप मिलते हैं—(1) मूल रूप, (2) विकृत रूप। एक-वचन में मूल रूप तथा विकृत रूप अपवाद छोड़कर प्रायः एक जैसे व्यवहृत हैं। जैसे—बड़नी (झाॅड़ू), घड़ी।

मूल रूप का प्रयोग कर्ताकारक तथा संबोधन में होता है। विकृत रूप बनाने के लिए एकवचन संज्ञाओं में 'ए', 'ओ' प्रत्यय जोड़ा जाता है तथा बहुवचन की संज्ञाओं में 'न' तथा 'इया', 'इनि' (स्त्रीलिंग बनाने में) जोड़ा जाता है, जैसे—'गइया हारे चरबिन कों गई', 'मोड़ी बजारें किताबें खरीदन जात है।'

मूल रूप का प्रयोग कर्ताकारक तथा संबोधन में होता है, परसर्ग के साथ भी और रहित भी। जैसे—लोंड़ा बजारे गओ होयै, लोंड़ा ने खिचरी खाये लई होयै।

जनपद की सीमावर्ती बोलियों में ओकारांत संज्ञाएँ सर्वाधिक प्रयुक्त हैं। प्रायः मूल रूप एकवचन संज्ञाएँ ओकारांत ईकारांत, उकारांत अथवा व्यंजनांत हैं, जैसे—

केय ललो का करयो अबै
बिटयौ कों बजारे लेंह जइयो।

अधिकांश पुल्लिंग मूल रूप एकवचन के रूप मूल रूप बहुवचन के लिए नहीं बदलते। जैसे—खरगोस, कउआ, सिड़उआ।

मूल रूप एकवचन

बोलियों में ये रूप स्वरांत अथवा व्यंजनांत होते हैं, जैसे—पनेंठी, पनां (जूता), पेंता (लंबी कूद), खेरे, गोड़ो (पैर), हात (हाथ), कान, टाँग।

आगरा सीमा पर कुछ शब्द उकारांत, अकारांत दोनों रूप में मिलते हैं—

आगरा सीमा—घासु, दारु, आजु, खाजु।

भरथना तहसील—घास, दार, आज, खाज।

इटावा जनपद की बोलियों में उकारांत, इकारांत संज्ञाएँ प्रायः कम ही व्यवहृत हैं।

मूलरूप बहुवचन

पुल्लिंग ओकारांत के रूप बहुवचन में एकारांत हो जाते हैं तथा स्त्रीलिंग के रूप बहुवचन में ईकारांत हो जाते हैं। स्त्रीलिंग के अन्य रूपों में भी 'ए' जोड़ा जाता है—

लरका	–	लरके
लड़का	–	लड़के
बाल्टा	–	बाल्टी (बान्टी)
कटोरा	–	कटोरी (कटुरिया)
थारी	–	थारीं
कुर्सी	–	कुर्सीं

ओ-ए

खेरो	–	खेरे
पीरो	–	पीरे (पीले)

विकृत रूप एकवचन

विकृत रूप एकवचन के संज्ञा रूप प्राय: मूल रूप एकवचन जैसे ही रहते हैं।

पुल्लिंग अकारांत

लरका	–	लरका गओ
लड़का	–	लड़का गओ

स्त्रीलिंग ईकारांत

लड़किनी	–	लरकिंनी
मछरी	–	मछरी

ओकारांत रूप विकृत एकवचन में बदल जाते हैं। ओकारांत मूल रूप एकवचन को विकृत रूप बनाने के लिए ओकारांत रूप एकारांत में प्रयुक्त हैं—

जाड़ो	–	जोड़
सारो	–	सारे (साले)

विकृत रूप बहुवचन

विकृत रूप बहुवचन के प्राय: शेष रूपों से भिन्न रहते हैं।

पुल्लिंग— लरका – लरकन – लरकनन
इन्ऊँ लरकनन को दें दियो (भरथना)
ऐयू लरकन की सुनलेव (विधूना)
पड़ा – पडरन – पड़न्न

स्त्रीलिंग— गगरी – गगरिया – गगरिन
कुस्सी – कुर्स्सियाँ – कुस्सिन
स्त्रीलिंग के अन्य रूपों में बहुवचन बनाने के लिए अधिकतर 'ईं', 'ए' प्रयुक्त होता है—

मोड़ा	–	मोड़ीं (आगरा सीमा)
सोटा	–	सौटी (डंडा)

औरत	–	औरतें
कलम	–	कलमें
गाय	–	गायें
लग	–	लगें (अरहर का वह सूखा पेड़ जिसमें कलियाँ तोड़ ली गई हों।)

विकृत रूप एकवचन

जनपद की बोलियों में विकृत संज्ञा रूप बहुवचन एकवचन से अधिक बोली में प्रयुक्त है।

पुल्लिंग अकारांत

लड़का – लरका – लरकन
भैंसा – भेंसुवार (विधूना) – भेंसन
पीये – पउये (फर्रूखाबाद सीमा)

स्त्रीलिंग ईकारांत में

मेरिया – मेहरिया – मेरियाँ – मेंहरियाँ
थारी – थारीं – थारियाँ
बिल्ली – बिल्लीं – बिलैयाँ

एकवचन मूल रूप		**विकृत रूप**
लड़का	–	लरका (लरकवा) विधूना तहसील
बछड़ा	–	बछरा (बछरवा)
गधा	–	गदा

बहुवचन मूल रूप		**विकृत रूप**
लड़के	–	लड़कान
कुत्तों	–	कुत्तन
गायें	–	गइयां

संज्ञा के अतिरिक्त सर्वनाम, विशेषण तथा परसर्ग के कुछ रूपों का विकृत रूप के लिए परिवर्तन होता है।

मूल रूप परसर्ग बू लोंड़ा फिर चलो गओ।
बू भईयंन ते लड़ रओ।

परसर्ग सहित बा लरका ने पढ़ाई ठीक से नाईं करी।

संबोधन— बाने ओकों बुलाओ (विधूना),
ओने ओते कहई (कानपुर सीमा)

विकृत रूप— उन पड़ियन कों दिखायें रहियो।
(एक ग्वाला दूसरे ग्वाला से)—अपयें लरकन कों समुजाय देव।

□

अध्याय-पंचम

इटावा जनपद की सीमावर्ती बोलियों में सर्वनाम के रूप

इटावा जनपद की सीमावर्ती बोलियों में सर्वनाम रूपों का भाषा वैज्ञानिक अध्ययन

सर्वनाम

इटावा जनपद की सीमावर्ती बोलियों में सर्वनामों के रूप हिंदी की शेष बोलियों से मिलते-जुलते होने के बाद भी पर्याप्त भिन्नता लिये हुए हैं। सर्वनाम पद बोलचाल में बहुत अधिक प्रयुक्त होने के कारण शीघ्र परिवर्तित भी होते जाते हैं। सर्वनामों का प्रयोग संज्ञाओं की तुलना में अधिक होता है। इसलिए इनका विघटन भी शीघ्र हो जाता है और उनमें रूप का वैविध्य अधिक दिखाई पड़ता है। सर्वनामों के मूल विकृत तथा परसर्ग (कारक) चिह्नों से बने संयोगात्मक रूप हमें इटावा जिले की सीमावर्ती बोलियों में दिखाई पड़ते हैं। मूल विकृत और संयोगात्मक सर्वनामों के स्वरूप उसके विभिन्न प्रयोगों द्वारा सरलता से समझे जा सकते हैं। इटावा जिले की सीमावर्ती बोलियों के सर्वनाम तीन वर्गों में विभाजित किए जा सकते हैं—

(क) मूल सर्वनाम

पुरुष	एकवचन	बहुवचन
उत्तम पुरुष	मैं, में, हम	हंम, हम
मध्यम पुरुष	तूं, तूँ, तुम, तैं	तुम सब, तुम लोग
अन्य पुरुष	बी, बू, वो, ओ	बे, बे

मूल सर्वनामों के कुछ प्रयोग निम्न प्रकार हैं—

उत्तम पुरुष

मैं नायं जातु।	(आगरा सीमा)
हम हुआँ जायके ठीक रहयें।	(भरथना तहसील)
हम अबईं हुआं ते आये रये।	(विधूना तहसील)

इटावा की बोलियों में उत्तम पुरुष एकवचन में हम का ही प्रयोग होता है। आगरा सीमा पर 'मैं' एकवचन में व्यवहृत है।

मध्यम पुरुष

तूँ तो कोऊ की सुन्तई नायं।	(आगरा सीमा)
तैं हुआँ होकें लोटया।	(आगरा सीमा)
तुम लोग अबै तक रुके हो।	(बहुवचन)

अन्य पुरुष

बौ आतई हुइये।	(फर्रूखाबाद सीमा)
बू बदमास पकर गओ।	
बे गए हुँययें। (बहुवचन)	(भरथना तहसील)

(ख) विकृत सर्वनाम

विकृत सर्वनाम तीनों पुरुषों तथा दोनों वचनों में मिलता है—

उत्तम पुरुष

एकवचन	**बहुवचन**
मो, मोये, मोइ	हमाओ
हमऊँ, हमहूँ	हमाओं

मध्यम पुरुष

एकवचन	**बहुवचन**
तोये, तेरे, तिहाये	तुम्हाये
तुमाये, तुम्हाये, तुमाओ	तुमाये
तुम्हाओ	तुम

मध्यम पुरुष में विकृत सर्वमान बहुवचन में एकवचन की भाँति प्रयुक्त होता है—

उत्तम पुरुष

मोये हुआँ जाने है।
हमऊँ बजारे चलिहों। (आगरा सीमा)
मो कुछु न मिली। (सदर तहसील)

मध्यम पुरुष

तोये चिंता नाईं।
तेरे घरै चलेयें।
तिहाये खेतन में काऽ है। (मध्य प्रदेश सीमा)
तुम गए हते। (बहुवचन)

अन्य पुरुष

बाये कुछु चिन्तई नाईं। (विधूना तहसील)
बोऊ चलो गओ। (जालौन सीमा)
बेऊहियंन ते चले गये। (बहुवचन)
(बेऊ = वे भी)

(ग) संयोगात्मक सर्वनाम

इटावा जनपद की समस्त बोलियों में सर्वनामों के साथ परसर्ग (कारक चिह्नों) का प्रयोग कर संयोगात्मक सर्वनाम के विविध रूप निर्मित हुए हैं। ये सर्वनाम उत्तम, मध्यम तथा अन्य पुरुषों में एक ही वचन में अनेक रूपात्मक हैं। निम्नलिखित तालिका से संयोगात्मक सर्वनामों का स्वरूप सरलता से समझा जा सकता है—

पुरुष	कारक	एकवचन	बहुवचन
उत्तम पुरुष	कर्ता	मैंने	हम्ने, हमने
उत्तम पुरुष	कर्म	मोंकों, मुझको, मुजकों	हम्कों
उत्तम पुरुष	करण	मुजसे, मोते, मोसे, मुझसे	हम्से, हमसे
उत्तम पुरुष	संप्रदाय	मोकों, मोईकों	हम्कों, हमकों
उत्तम पुरुष	अपादान	मोते, मोसे	हम्ये, हमसे
उत्तम पुरुष	संबंध	मेरो, मेरी, मोये	हम्ये, हमारो
उत्तम पुरुष	अधिकरण	मोपे	हमो
मध्यम पुरुष	कर्ता	तूंनें, तूँने	तुम्ह

मध्यम पुरुष	कर्म	तोकों, तुमकों, तुझको	तुम्हें
मध्यम पुरुष	करण	तुमसे, तुमते, तोसे	तुमसे
मध्यम पुरुष	संप्रदाय	तुमको, तोको, तुझको	
मध्यम पुरुष	अपादान	तुमसे, तुझसे, तोसे	तुम्हीं
मध्यम पुरुष	संबंध	तुमको, तोइकों, तेरे, तेरी, तेरो	तुम्हारा
मध्यम पुरुष	अधिकरण	तुमपे, तोपे	तुम

विशेष—मध्यम पुरुष बहुवचन संयोगात्मक सर्वनामों में कारक चिह्नों का प्रयोग बहुत कम मिलता है।

पुरुष	**कारक**	**एकवचन**	**बहुवचन**
अन्य पुरुष	कर्ता	बाने, ओने, ईने	इनने, इन्ने
अन्य पुरुष	कर्म	बाकों, उसकों, ओकों,	उन्हीं कों, उनन कों
अन्य पुरुष	करण	ऊको, ओईको, ऐईको	
अन्य पुरुष	संप्रदान अपादान संबंध	उसको, ओको, ओके, लएं, उसके, बाकाजें	विनके लएं, बिनके काजे, उनहिंन कों
अन्य पुरुष	अधिकरण	उसपे, उनपे, उनमें	उनपे, उनमें

(उनके, उनमें सर्वनाम एकवचन और बहुवचन में समान रूप से प्रयुक्त होते हैं)

उक्त सर्वनामों के भाषागत प्रयोग निम्नलिखित उदाहरणों द्वारा स्पष्ट किए जा सकते हैं—

कर्ता कारक संयोगात्मक सर्वनाम

मैंने किताब पढ़ लई।
तूने तो काम कल्लओ। (भरथना तहसील)
बाने किताब पढ़ लई।

कर्म कारक संयोगात्मक सर्वनाम

मोकों काम कन्न देव। (विधूना तहसील)
तुमऊँ को कुछु कन्न परियै। (कानपुर सीमा)
हियाँ लिबाये अइयो। (भरथना तहसील)

करण कारक संयोगात्मक सर्वनाम

मुजसे टैबूल (ट्यूबवेल) नाईं चल्त।
तोसे कछुई जरूरी बात कन्नी। (पारपट्टी)
अल्मै मिलके आवौ। (फर्रूखाबाद सीमा)

संप्रदाय कारक संयोगात्मक सर्वनाम

मोकों किताब मंगबाय देबी।
तोकों मारबिन कों आये रये।
बांकोंजें कापी मँगबाय देवौ।

अपादान कारक संयोगात्मक सर्वनाम

मोपे रुपया गिर गओ।
तोसे किताब लेनी है। (भिंड तहसील)
उनसे पैसा लेकें बजारे जइयो।

संबंध कारक संयोगात्मक सर्वनाम

मेरी पजम्मा फट गओ।
तुम्को किन्ते मिलनो है। (सदर तहसील)
उसकी मोढ़ी आई हेती।

अधिकरण कारक संयोगात्मक सर्वनाम

मोपे काऊ के पैसा नहियें।
तुमपे बौत कज्ज हौ गओ। (आगरा सीमा)
बामें हमाओ हिस्सा है।

सर्वनामों के उक्त रूपों के अतिरिक्त इटावा जिले की सीमावर्ती बोलियों में उपलब्ध सर्वनामों को निम्नलिखित श्रेणियों में वर्गीकृत किया जा सकता है—

(क) पुरुषवाचक सर्वनाम

पुरुषवाचक सर्वनामों का विश्लेषण इस अध्याय के प्रारंभ में मूल सर्वनामों के रूप में किया जा चुका है, फिर भी विषय के स्पष्ट वर्गीकरण की दृष्टि से इन सर्वनामों का वर्गीकरण उदाहरण सहित पुनः प्रस्तुत किया जा रहा है। पुरुषवाचक सर्वनाम में तीन

प्रमुख और दो वचन मिलते हैं, जिनके उदाहरण इस प्रकार हैं—

उत्तम पुरुष

मैं तो अबईं बैठो।
हमतो एसईं बोल्त जैसे बोल्त।

मध्यम पुरुष

तूँ काये कों ओके पिन्डे परी। (कानपुर सीमा)
तुम कोउ बात कहो।

अन्य पुरुष

जो (ये) धत्ती काटें राऽत।
जू घरई ते नाईं निकत्त। (भरथना तहसील)

(ख) संकेतवाचक सर्वनाम

संकेतवाचक सर्वनामों में समीप और निकट स्थित वस्तुओं या प्राणियों का बोध होता है। डॉ. कामता प्रसाद गुरु ने इस सर्वनाम को निश्चयवाचक सर्वनामों के अंतर्गत समायोजित किया है।[1] इसके उदाहरण निम्नवत् हैं—

जौ मान्तु काये नांईं।
बेऊ खिसयान लगे। (वे भी गुस्सा होने लगे)।

(ग) प्रश्नवाचक सर्वनाम

प्रश्नवाचक सर्वनाम किसी व्यक्ति, वस्तु की पहचान, विशेषता या संख्या के विषय में प्रश्न व्यक्त करने के लिए होता है :-

कउन/को गाय रहो है।
को गात है। (भरथना तहसील)
को गाय रओ है। (फर्रूखाबाद सीमा)
बाकी मोड़ा का कत्त है? (आगरा सीमा)
दूद में का गिर गओ? (मध्य प्रदेश सीमा)

1. डॉ. कामता प्रसाद गुरु—'हिंदी व्याकरण', पृ. 74

(घ) अनिश्चयवाचक सर्वनाम

अज्ञात् और अनिश्चयसूचक प्राणियों तथा वस्तुओं की ओर संकेत करनेवाले सर्वनाम अनिश्चयवाचक सर्वनाम कहे जाते हैं। खड़ी बोली हिंदी में 'कोई' और 'कुछ' सर्वनाम के लिए इटावा जनपद की बोलियों में अनेक रूप मिलते हैं। जिन्हें निम्नलिखित उदाहरणों से स्पष्ट किया जा सकता है—

अबे कोउ आउत हुइये। (कचौराघाट)
(अभी कोई आता होगा)।
बजार तन्ते कुछु लेहें अइयो। (विधूना तहसील)
(बाजार से कुछ ले आना)।

(ङ) निजवाचक सर्वनाम

जिस सर्वनाम में क्रिया के व्यापार को कर्ता से संबंधित किया जाता है, उसे निजवाचक सर्वनाम कहा जाता है। जिसे हम हिंदी में 'स्वयं' या 'अपना' कहते हैं। इटावा की बोलियों में 'अपुन', 'अपन' के रूप में सुरक्षित है—

अपुन घरे चलो हम आये रये। मोय अपनी चिंता नायं।
अपुन कों हमाई चिंता नाईं। अपन कबे हमाये हिंयां आओ।

(च) निश्चयवाचक सर्वनाम

निश्चयवाचक सर्वनाम इटावा जिले की बोलियों में निकटता प्रदर्शित करने के लिए प्रयोग किया जाता है। निश्चयवाचक सर्वनामों के कुछ उदाहरण इस प्रकार हैं—

	एकवचन	**बहुवचन**
मूल रूप	जू	जे
विकृत रूप	जाय (इसको)	जिन्के, जिनें
	बाय, याय	

'जू' शब्द का प्रयोग मूल रूप से एकवचन के लिए होता है। पारपट्टी की बाह्य सीमा पर 'जू' के स्थान पर 'जि' का प्रयोग मिलता है। कर्म तथा संप्रदानकारक में जाकों, याकों, जाय और याय रूप भी मिलते हैं। बहुवचन में 'जू' के स्थान पर 'जे' हो जाता है।

(छ) संबंधवाचक

संबंधवाचक सर्वनाम का प्रयोग मिश्रित वाक्य में प्रधान उपवाक्य के साथ आश्रित उपवाक्य को जोड़ने के लिए किया जाता है और ये आश्रित उपवाक्य में योजक शब्दों

का कार्य करते हैं।

प्रश्नवाचक सर्वनामों क्या (का) और कौन (को) की ही भाँति संबंधवाचक सर्वनाम 'जो' का भी लिंग नहीं होता तथा अविकारी कारक में बहुवचन का भी अलग रूप नहीं होता। 'जो' सर्वनाम स्वतंत्र रूप से तथा विशेषक के रूप में प्रयुक्त होता है। संबंधसूचक सर्वनामों के कुछ प्रमुख रूप इस प्रकार हैं—जो-सो, जिन-बिन, जिनें-तिने, जाय-ताय।

जो-सो	जो करये सो भरये।
जिन-तिन	जिन जाव तिन पानी।
जाने-ताने	जाने करो ताने भरी।
जा-सो	जा फोरये सो पिटये।
जिन-बिन	जिन पाइंन गऔ बिन पाइंन लौटो।
जिनें-तिनें	जिनें दऔ तिनें जानो।
जाय-ताय	जाय खबाओ ताय पकरो।

जनपद की बोलियों में कहीं-कहीं संबंधवाचक सर्वनाम 'जैसो', 'जैसी' का प्रयोग 'की भाँति' या मानव के अर्थ में होता है, जैसे—

मुलाम सिंह इटावा को लोइया जेसो है।
बिन जैसी जनीं ढूँढ़े नाईं मिलयै।

(ज) संयुक्त सर्वनाम

इटावा जिले की सीमावर्ती बोलियों में संयुक्त सर्वनामों के भी उदाहरण मिलते हैं। इस तरह के रूप दो स्वतंत्र सर्वनामों के सहयोग से बनते हैं, जैसे—

जू—कोई (कोऊ)
जो कछु धरें हो सब कछु निकार देव।
जा कोई मान्त नाईं।
जो कोई जाव सो जाव।
जो कछु चंइयें सो लेव।

जिले की बोलियों के सर्वनाम रूप अधिकतर एक जैसे हैं, किंतु उनमें स्थान-स्थान पर सूक्ष्म परिवर्तन होते गए हैं, जिनका विवरण यथास्थान संदर्भित कर दिया गया है।

□

अध्यय-षष्ठ

इटावा जनपद की सीमावर्ती बोलियों में विशेषण के रूप

इटावा जनपद की सीमावर्ती बोलियों में विशेषणों का भाषा वैज्ञानिक अध्ययन

विशेषण

वैयाकरण स्वीकार करते हैं कि विशेषण से किसी व्यक्ति या वस्तु के गुण-दोष, रूप-रंग, आकार-प्रकार अथवा गुणात्मक विशेषताओं का बोध होता है। विशेषण रूप प्राय: संज्ञा के पूर्व में प्रयुक्त होते हैं। विशेषण द्वारा जिस संज्ञा की विशेषता बताई जाती है, उसे 'विशेष्य' कहा जाता है। विशेषणों के संबंध में एक बात ध्यान देने योग्य है कि जहाँ वह विशेष्य की विशेषता बताता है, वहीं उसके क्षेत्र की व्यापकता को भी सीमित करता है। विशेषण की संख्या जितनी बढ़ती है, विशेष्य (संज्ञा) की संख्या उतनी ही घटती जाती है। उदाहरण के लिए 'घोड़ा' शब्द से संपूर्ण घोड़ा जाति का बोध होता है, किंतु 'नींको लाल घोड़ा' शब्द से और भी कम घोड़ों का बोध होगा।

इटावा की बोलियों में विशेषण प्रयोगों का विश्लेषण करते हुए हम उन्हें निम्नलिखित वर्गों में विभाजित कर सकते हैं।

(क) गुणवाचक विशेषण

गुणवाचक विशेषण से संज्ञा के रूप, रंग, आकार, प्रकार, समय, स्थान, गुण, दोष आदि विशेषताओं का बोध होता है। गुणवाचक विशेषण अन्य विशेषणों की भाँति संज्ञा के पूर्व प्रयुक्त होते हैं। निम्नलिखित उदाहरणों से गुणवाचक विशेषणों को सरलता से समझा जा सकता है—

करिया आदमी।

भूरो बुकरा।

बुरी मेहरिया।
लम्बो पेड़ो।
नई कमीच।
बड़ो (भारी) खेत।

इटावा की बोलियों में कुछ विशेषण क्रिया में भी प्रयुक्त होते हैं, जैसे—

चल्त टेक्टर।
स्पा टपका।
थकी आदमी।
गात भये लरका।

विशेषण में सा, सी, से और क्रिया, संज्ञा सा, सी, से बोलियों में व्यवहृत हैं—

बू लाल सी कमीच पहनें।
वे राम से लंबे हैं।

बोलियों में गुणवाचक विशेषणों की पुररुक्ति से किसी गुण का प्राधान्य अतिशय व्यक्त होता है—

गर्मियन में सीरो-सीरो पानी नीकों लगत।
बाकीं बड़ी-बड़ी आँखें हतीं।

(ख) सार्वनामिक विशेषण

जो विशेषण सर्वनाम से बनते हैं, उन्हें 'सार्वनामिक विशेषण' कहते हैं। सार्वनामिक विशेषण के उदाहरण निम्न प्रकार से हैं—

बू लोड़ा। वे आदमीं।
कोउ मोड़ी। को लरका।
एसो भेंसा। ऐसी-बैसी मोड़ी।
ओको घर। मेरी नोकर।

इटावा जनपद की बोलियों में सर्वाधिक संख्या में सार्वनामिक विशेषण प्रयुक्त होते हैं। बोलियों में मैं, मे, हम्, हमारो, हमाओ, तूं, तूँ, तेरा, तेरो, बा, बू, जा, जू, वे, को, कोउ, अपओं, अपेईं, किन्को इत्यादि शब्द व्यवहृत हैं—

हमाओ भरोषो नइयाँ। (विधूना)
बू आदमी अपओं है।
को लरका काम कद्दिये?
कोई लरका आये रओ?
तोये कोन्सी मिठाई नीकी लगी?
काये कौन-कौन सी बातें होततीं?

पूर्ण संख्यावाची शब्द

इक	दुय	तीन	चार	पाँच	छै	सात	आठ	नौ	दस
गियारा	बारा	तेरा	चौदा	पन्दा	सोरा	सत्रा	अठारा	उन्नीस	बीस
एक्कैस	बाइस	तेस	चोबिस	पचीस	छब्बिस	सत्तायस	अटठाइस	उन्तिस	तीस
इकत्तिस	वत्तिस	तेंतिस	चोंतिस	पेंचिस	छत्तिस	सेंतिस	अड़तिस	उन्तालिस	चालिस
इकतालिस	व्यालिस	तितालिस	चबालिस	पैंतालिस	छयालिस	सेंतालिस	अड़तालिस	उनंच्चास	पचास
इक्यावन	बावन	तिरेपन	चंउअन	पचपन	छप्पन	सत्ताउन	अटठावन	उनसठ	साठ
इकसट	बॉसट	तिरेसट	चौसट	पेंसट	छांछट	सरसट	अरसट	उन्हत्तर	सत्तर
इखत्तर	बाहत्तर	तिहत्तर	चौहत्तर	पछत्तर	छियत्तर	ससत्तर	अठत्तर	उन्नयासी	अस्सी
इक्यासी	व्यासी	तिरासी	चौरासी	पचासी	छियासी	सतासी	उठासी	नबासी	नब्बे
इक्याउनवे	बाउनवे	तिराउनवे	चौराउनवे	पच्याउनवे	छियानुवे	सत्ताउनवे	अटठाउनवे	निनयाउनवे	सौ

(स) संख्यावाचक विशेषण

जनपद की बोलियों में संख्यावाचक विशेषण बोलचाल में आवश्यकतानुसार पर्याप्त रूप में व्यवहृत हैं। संख्यावाचक विशेषण का ठीक से अध्ययन करने की दृष्टि से कई वर्गीकरण किए हैं—

गणनात्मक संख्यावाचक विशेषण

पूर्ण संख्यावाची शब्द—इस विशेषण में क्रमशः संख्या का उच्चारण बोली में पर्याप्त रूप में मिलता है, जो दी गई पूर्ण संख्यावाची शब्द की तालिका से स्पष्ट है—

अपूर्ण संख्यावाची विशेषण

जनपद की बोलियों में अपूर्णवाची संख्या अब केवल पुराने अवस्था वाले लोगों तक अधिकतर सीमित रह गए हैं। ग्रामीण बोली में पुराने लोगों द्वारा अपनाए जाने के कारण अपूर्ण संख्यावाची शब्द/परिणामवाची शब्द भाषा में व्यवहृत हैं।

छिटांक, पउआ (पाव) आधी, तिहाई, चौथयाई, बटाई (आधे पर खेती करने को), डेउढ़ो (डेढ़गुना), अढ़ाई (ढ़ाई) आदि शब्द मिलते हैं, जैसे—

उरे लोड़ा जा जोगी कों पउआ भर नाज दे दिये।

तेरी खेती का बटाइये उठी है।

वामें मेरी चौथयाई हींसा है।

क्रमवाची विशेषण

बोलियों में क्रमवाची विशेषण पर्याप्त रूप से प्रचलित हैं।

पहलो (पहला), दूसरी (दूसरा), तीसरो (तीसरा), चोथो (चोथा), छटावाँ-छंटओं, बारमा/तेरमा आदि।

पानी खींचबिन में हमाओ पहली लम्बर है।

इया भैसिया चोथां है।

जामें छटओं हींसा हमारो है।

आवृत्ति वाचक विज्ञेषण

सामान्य बोलचाल में आवृत्ति वाचक विशेषण ग्रामीण क्षेत्र में अधिकतर प्रयुक्त है। इसमें दुगुनो (दुगुनी), तिगुनी, चौगुनो, दसगुनो इसी प्रकार मिलते हैं—

तोते दुयगुनों जांदा खात हैं।

याको घर ओते तीन गुनों है। (विधूना तहसील)

नाप-तोल

ग्रामीण बोलियों में अब भी सेर, मन और धरी का प्रयोग होता है। हालाँकि किलो और कुंतल के प्रयोग गाँवों में बढ़ रहे हैं। फिर भी आज गाँवों में पुरानी नाप-तोल सुरक्षित है—

एक मन	= 64 सेर	(भरथना तहसील)
	= 40 सेर	(औरैया तहसील)
एक धरी	= 8 सेर	(भरथना तहसील)
	= 5 सेर	(सदर तहसील)

8 धरी का एक मन होता है। विधूना क्षेत्र में एक मन 52 सेर का चलता है।

पसेरी	= 4 सेर	(भरथना तहसील)
	= 5 सेर	(विधूना तहसील)

किसानों द्वारा अनाज खलिहान में तोला जाता है तो वे अलग से संख्या बोलते हैं—

रामजी	एक को कहते हैं।
दुइया	दो को कहते हैं।
बाढ़े	तीन
चारी	चार
पाँची (पांचे)	पाँच
छैइया (छेई)	छैः
साती	सात
आठी	आठ

आठ ही तक बोलते हैं।

तोल के प्रारंभ में एक न बोलकर 'रामजी' बोलते हैं। तीन के स्थान पर 'बाढ़े' शब्द का प्रयोग करते हैं।

नाप

गज और हाथ की नाप अभी भी गाँव में पुराने लोगों द्वारा व्यवहृत है। जमीन, कपड़ा या अन्य कुछ नापने के लिए गज और हाथ का उपयोग करते हैं, जैसे—

जा धुतिया कै हांत की है।
जू कै हांत को कोल (कमरा) है।

अनिश्चय संख्यावाचक विशेषण

अनिश्चय संख्यावाचक विशेषण में कई, अनेक तथा विशेषणों के साथ सदैव बहुवचन का प्रयोग इटावा की बोलियों में प्रयुक्त है। इसके उदाहरण निम्नवत् हैं—

निरीं मोढ़ी हुआँ खेल्त थीं।

दसियों मनई हुआँ हालईं पोंच गए।

सैकन्न/सैकरन लोंड़ा नोकरी के लयें घूमत।

अनेकों आदमी हते।

केऊ छिरियाँ मर गईं।

समुदायवाचक विशेषण

समुदायवाचक विशेषण अनेक व्यक्तियों या वस्तुओं में से प्रत्येक के लिए 'सब' का प्रयोग होता है। 'संख्या' का बोध कराने के लिए 'सब' के साथ बहुवचन संज्ञा तथा 'प्रत्येक' के स्थान पर 'हर', 'हरेक' के साथ एकवचन संज्ञा प्रयुक्त होती है :—

सब भेड़न की ऊन कटी ती।

हरेक आदमी भलो नईं होत।

हर छिरिया दूद नाईं देत।

संबंधवाचक विशेषण

इटावा जनपद की बोलियों में विशेषण किसी वस्तु के दूसरे वस्तुओं के साथ संबंध में ही उसके लक्षण को नामोद्दिष्ट करते हैं। संबंधवाचक विशेषणों से अभिहित लक्षण वस्तु में निहित होते हैं, वे कम या अधिक नहीं हो सकते हैं। संबंधवाचक विशेषण प्राय: संज्ञाओं, क्रिया-विशेषणों या क्रियाओं से बनते हैं—

संबंधवाचक विशेषण के उदाहरण निम्नवत् हैं—

विद्या से	–	विद्यालय
कार्य	–	कार्यालय
उद्योग	–	औद्योगिक
राजनीति	–	राजनीतिक

तुम्तो इस्कूल वाली ड्रेस पहन कें जैव।

भारती आधमी पोड़ो होत।

विशेषणों के साथ बोलियों में लिंग भी बदल जाते हैं। विकारी विशेषणों और संज्ञाओं का कारक में पूर्ण अन्वय केवल पुल्लिंग संज्ञाओं में इच्छांत के साथ इया, न्नी

आदि लगातार व्यवहृत हैं—

नींको घोड़ा।

नींकी धुड़िया।

अच्छे चोधरी हैं।

अच्छी चौधन्नी है।

नींको लरका।

नींकी लरकिनी।

विशेषण के लिंग एवं वचन

इटावा जिले की बोली में विशेषणों के लिंग एवं वचन विशेष्य के लिंग-वचन के अनुसार कभी-कभी परिवर्तित होते रहते हैं, जैसे—बू नींको लरका है, बा नींकी मोड़ी है।

हम बड़े-बड़े मढ़ा (कमरा) में राऽत।

तुम बड़ी बान्टी में हनात।

जू मेरी सीदो हांत है।

जा मेरी सीदी आँख है।

ओकारांत पुल्लिंग विशेषण इटावा की बोलियों में स्त्रीलिंग में ईकारांत हो जाते हैं, जैसे—मीठो-मीठी, सिगरो-सिगरी, चीड़ों-चोंड़ी, लोहरो-लोहरी।

एकवचन से बहुवचन बनाते समय ओकारांत विशेषण एकारांत में बदल जाते हैं, जैसे—

पक्को	–	पक्के
कारो	–	कारे
हरो	–	हरे
पीरो	–	पीरे
नीलो	–	नीले

क्रमसूचक और आवृत्तसूचक संख्यावाची शब्दों के स्त्रीलिंग रूप कभी-कभी बदल जाते हैं, जैसे—

दूसरो	–	दूसरी
दुगुनो	–	दुगुनी
तिगुनो	–	तिगुनी
चौगुनो	–	चौगुनी

बोलियों में कहीं-कहीं विशेषणों की पुनरुक्ति भी देखी जाती है, जैसे—

छोटे-छोटे बच्चा हते।
करिया-करिया कुत्ता लाओ।
भूरे-भूरे पेड़ ठाड़े हैं।
अलग-अलग पढ़त है।

कहीं-कहीं विशेषणों में गणनावाचक शब्दों का प्रयोग किया जाता है, जैसे—

दुय-चार लरका हते।
चार-छैः आधिमी ठांड़े।
दस-बीस रुपया दैव देव।

□

अध्याय-सप्तम

इटावा जनपद की सीमावर्ती बोलियों में परसर्गों एवं प्रत्ययों के रूप

इटावा जनपद की बोलियों में परसर्ग एवं प्रत्ययों का भाषा वैज्ञानिक अध्ययन

परसर्ग

किसी भी भाषा में वाक्य सबसे महत्त्वपूर्ण सार्थक इकाई होते हैं। वाक्य में संज्ञा अथवा सर्वनाम प्राय: कर्ता के रूप में प्रयोग होते हैं और उनका वाक्यों के शेष शब्दों से घनिष्ठ संबंध होता है। वाक्य रूपी माला में शब्दों के बीच अंत:संबंध जोड़ने वाले सूत्र को कारक कहा जाता है तथा कारकों के अर्थ प्रकट करने के लिए परसर्गों का प्रयोग होता है।[1]

पंडित कामता प्रसाद गुरु का मानना है कि संज्ञा या सर्वनाम के जिस रूप से उसका संबंध वाक्य के किसी दूसरे शब्द के साथ प्रकाशित होता है, उस रूप को कारक कहते हैं।[2]

आचार्य किशोरी दास बाजपेयी का अभिमत है कि क्रिया के साथ जिसका संबंध हो, उसे कारक कहते हैं।[3]

डॉ. दीम शित्स ने परसर्ग की परिभाषा करते हुए लिखा है कि 'परसर्ग' ऐसे सहायक शब्द हैं, जो स्वतंत्र शब्दों के साथ प्रयुक्त होते हैं तथा इन शब्दों के बीच वाक्यगत संबंध इंगित करते हैं[4]...।

---

1. डॉ. रामस्वरूप चतुर्वेदी—'आगरा जिले की बोली', पृ. 51
2. पं. कामता प्रसाद गुरु—'हिंदी व्याकरण', पृ. 216
3. किशोरीदास बाजपेई—'हिंदी शब्दानुशासन', पृ. 136
4. डॉ. दीम शित्स—'हिंदी व्याकरण', पृ. 399

विभक्ति और परसर्ग के बीच अंतर यह है कि विभक्ति शब्दबंध के प्रत्येक घटक से जुड़ी होती है, जबकि परसर्ग केवल एक बार अंतिम नियंत्रित शब्द के बाद आता है···। हिंदी में परसर्ग विकारी कारक रूपों के अर्थ को मूर्त, ठोस करते हैं। इन रूपों का नियमित स्वतंत्र अर्थात् परसर्ग के बिना प्रयोग नहीं होता। परसर्ग के बदलने से विकारी कारक रूप का वाक्यगत अर्थ भी बदल जाता है···। आधुनिक हिंदी भाषा में संज्ञा, सर्वनामों के साथ परसर्ग बहुधा मिलाकर ही लिखे जाते हैं।[5]

उक्त संपूर्ण विश्लेषणों से स्पष्ट है कि जिसे हम संस्कृत में विभक्ति कहते हैं, वह कारक का ही स्वरूप है तथा कारक चिह्न द्वारा शब्दों के अंत: संबंधों के अर्थ स्पष्ट करनेवाले शब्द रूपों को परसर्ग कहा जाता है। हिंदी में विभक्ति और परसर्ग दोनों परसर्ग होते हैं। जहाँ विभक्ति रूपगत परिवर्तन है, वहाँ परसर्ग शब्द संबंधों को जोड़ने वाले प्रकट तत्त्व हैं। विभक्ति में 'अयोध्याय:' शब्द का अर्थ 'अयोध्या का', 'अयोध्या की' और 'अयोध्या के' तीनों हो सकते हैं, किंतु हिंदी में अयोध्या के साथ 'का', 'की', और 'के' अलग-अलग तीन परसर्ग होंगे। हिंदी परसर्गों के व्यवहृत रूप इटावा की बोलियों में किंचित् परिवर्तन के साथ सुरक्षित हैं। इन परसर्गों के उपलब्ध रूपों का वर्गीकरण इस प्रकार किया जा सकता है—

कर्ता कारक में 'ने' परसर्ग का प्रयोग

इटावा की बोलियों में कर्ता कारक के साथ 'ने' का प्रयोग सर्वत्र नहीं होता। 'ने' का प्रयोग कर्ता पर निर्भर न होकर क्रिया रूपों पर निर्भर होता है। जहाँ भूतकाल की क्रियाएँ होती हैं, वहाँ 'ने' परसर्ग का प्रयोग होता है। 'ने' परसर्ग के उदाहरण इटावा की बोलियों में इस प्रकार व्यवहृत हैं—

बाने किताबें पढ़ लईं।
रामू ने अपओं काम कल्लओ।
ओने चोर कों माड्डारो।
श्याम् के दद्दा ने बाये खूब मारो।

को— 'को' परसर्ग का प्रयोग इटावा जनपद की बोलियों में सजीव कर्म के साथ होता है तथा संबंधों की सिद्धि के लिए होता है। इटावा की बोलियों में 'को' निम्न प्रकार प्रयुक्त है—

रामू ने श्यामू को बिना बाये मारो। (भरथना)
हम जा बात कों कतई नाईं मानयें।
तूँ बिना भूंक को काये रोत?

5. डॉ. जालमन दीम शित्स—'हिंदी व्याकरण', पृ. 399-400।)

ओके बाप कइयां ने बड़े लरकुवा कों सिबई
रुपया दये। (कानपुर देहात)

नेंकसे लोड़ा को इत्ती बड़ी बात नाईं कैंनी ती।

तूँ अपयें कों का समजत है?

डिलाईबर ने राकेश कों मोटर चलान को कही।

बाकों इतवार कों हियां आनो हैं।

से— इटावा की बोलियों में करण 'कारक' चिह्न के रूप में 'से' तथा 'ते' का प्रयोग साधन सूचक होने के कारण 'करण' कारक, कर्ता तथा कर्म के साथ-साथ चलता है। कहीं-कहीं तुलना के अर्थ में भी 'से' तथा 'ते' का प्रयोग होता है। 'करण' कारक 'से' को अभिव्यक्त करनेवाले परसर्ग (कारक चिह्न) के कुछ उदाहरण इस प्रकार हैं—

बू पेंन्सलई से चिट्ठी लिख रओ।

रामू फटफटिया से आयगो। (आगरा सीमा)

हम्ने साबुन से उढ़ना धोये।

गरीब बिचारो तो नमकई ते रोटी खात।

आसक्ति और लाचारी का भाव प्रकट करने के लिए कर्ता के साथ—

बासे तो पानियूँ नाईं पिओ जात।

मरीज नेंक सहारे ते ठाड़ो हुय जात।

'से' और 'ते' का प्रयोग तुलना के अर्थ में इस प्रकार व्यवहृत है—

बाको मोड़ा बा से नींको है।

जू खेत रामू ते बड़ो है।

के लिए—इटावा जनपद की बोलियों में संप्रदाय कारक चिह्न के रूप में काजें, काजों, 'के लिए' तथा केलयें, केलहें का प्रयोग होता है। यह लेने, देने एवं क्रियार्थक संज्ञा के साथ उद्देश्य या प्रयोजन का भाव प्रकट करता है। उदाहरण निम्नवत् हैं—

कक्कू मेरे लयें किताब लाओ।

बू मेरे लहें रोटी लाओ।

श्याम गयबें काजों आओ।

मेरे लिए कछु नाईं लाओ।

इटावा की बोलियों में 'के लिए' के स्थान पर अधिकतर 'के लयें' तथा मध्य प्रदेश एवं जालौन सीमा पर 'केलहें' का प्रयोग होता है।

से— इटावा की बोलियों में 'अपादान' कारक चिह्न के रूप में 'से', 'तेय' का प्रयोग स्थान परिवर्तन या अलग होने का भाव प्रकट करता है। अपादान के उदाहरण निम्नवत् हैं—

पेंड़न से टपका (आम) गिर रये।

बाये इटायें तेय भगाय दओ।

कुस्सी तेय लोंड़ा गिर गओ।

बटुइया सेय् भात (चावल) निकार लओ।

में— 'में' अधिकरण कारक का प्रतीक है और स्थान (भीतर)का भाव प्रकट करता है। यह कर्मवाचक और क्रिया विशेषणवाचक में इटावा की बोलियों में मिलता है। इसके उदाहरण इस प्रकार व्यवहृत हैं—

सबओ गाँव आगी बुझेबे में लगगओ।

हुआं ते आन में बौत देर होत।

स्कूल में लरका ऊधम मचाये रये।

बू एक दिनां में नाईं आय पयये।

बाने अपईं बुकरिया सौई में बेंच दई। (विधूना तहसील)

जू लोंड़ा धूरई में खेल्त राऽत। (भरथना तहसील)

ओ घर में दब गओ।

बा मोड़ी घर में बैठी।

बिआव-सादी में बौत परेसानी होत।

बाये ढूँढ़बे में पूरो दिन लग गओ।

पर— 'पर' परसर्ग का प्रयोग किसी स्थान के ऊपरी सतह या धरातल का बोध कराने के लिए होता है। कभी-कभी पूरे स्थान का संकेत करने के लिए भी 'पर' परसर्ग का प्रयोग किया जाता है। 'पर' परसर्ग के स्थान पर 'पे' का प्रयोग होता है। इसके उदाहरण निम्नवत् हैं—

कुस्सी पै थरिया धरी है।

बू घरई पै है।

पेड़े पै गिलिहरिया बैठी।

बू कमरई पै मिलये।

तुम काम पै जाय रये।

कभी-कभी साधन सूचक परसर्ग के रूप में भी 'पै' का प्रयोग होता है—

समाचार रेड़ियो पै सुने हते।

गाड़ी पै बैठकें हुआं जयें।

'तक' परसर्ग

'तक' परसर्ग वाक्यगत संबंधों की सिद्धि के लिए होता है। 'तक' परसर्ग क्रिया, आश्रित और संज्ञा आश्रित गौण कर्म के साथ स्थान, समय और परिणामवाचक रूपों में व्यवहृत है।

इटावा की बोलियों में इस परसर्ग का प्रकार निम्न रूपों में प्रयुक्त होता है—

बू पजम्मा धत्ती तक पैन्त।
पानी खेत तक पोंच गओ।
जा गाड़ी कानईंपुर तक जात।
दुये बजे तक तुम सत्तियाँ आय जइओ।
तुम तीन दिन तक का कत्त रये?
जाए तुम दुयसौ तक में दिबाये देव।
नेक बात में अंगुठा चोटी तक भन्नाय गओ।

को, के की—जनपद की सीमावर्ती बोलियों में संबंध कारक 'को, 'की', 'के' का प्रयोग व्यक्तियों तथा वस्तुओं के संबंध को प्रकट करते हैं। ये परसर्ग लिंग, वचन तथा कारक के अनुसार बदल जाते हैं। इटावा जनपद की बोलियों में हिंदी के संबंधकारक के चिह्न 'का' के स्थान पर 'को' का प्रयोग किया जाता है। 'के' परसर्ग का प्रयोग बहुवचन संज्ञा के संबंध जोड़ने हेतु किए जाते हैं। 'की' का प्रयोग स्त्रीलिंग में किया जाता है। उदाहरण निम्नवत् हैं—

रामू को पड़रा हतो सो मर गओ।
बाको लोंड़ा नीकों है।
ओके ढिंगा कुछु नइयाँ। (विधूना तहसील)
चच्चू की मोढ़ी आय गई।
लरकन के बार गिर गए।
श्यामू के तीन भइया और हैं।

संबोधन— इटावा जनपद की बोलियों में संबोधन कारक चिह्न के रूप में ऐ हे, अरे तथा अलेलेव का प्रयोग होता है। संज्ञाओं का संबोधन रूप बोलियों में समान रूप से व्यवहृत है। किसी घटना को अचानक देख-सुनकर संबोधन कारक चिह्नों का प्रयोग होता है। उदाहरण निम्न रूपों में प्रयुक्त हैं—

अरे राम। बौत बुरो भओ।
अरे भगवान्। जू का भओ।
हे ईसुर। आज बचाय लेव।

अलेलेव इयो का हुय गयो। (कानपुर सीमा)
ऐ भगवान्। ओकों ठीक कद्दे।

संयुक्त परसर्ग

इटावा जनपद की सीमावर्ती बोलियों में अन्य हिंदी बोलियों की भाँति संयुक्त परसर्ग पर्याप्त रूप में व्यवहृत हैं। जिले में व्यवहृत संयुक्त परसर्गों के उदाहरण निम्नवत् हैं—

पेय तेय (पे ते) मो पेऽ तेऽ पैसा लहैं जाबौ। (विधूना तहसील)
पे ते (पे ते) ओ पे ते धनकर (धान) लेहें जइओ। (विधूना तहसील)
कइयाँ (काजे) राम कइयाँ बजार तेय कुछु लेंहें आयौ।

में तें— बू तलैया में तेऽ अभईं निखरो।
में से— बा में से पुरीं लेहें अइयो।
के लहें— गोपाल के लहें जमुनी लै अइओ।
काजें— राम के काजें लछमन वन में गए।
के तरें— ओके तरें कुछु नइयाँ।
के पल्लें— काँ (कहाँ) ऊधमी के पल्ले पर गए?
के बिना— भइया के बिना कैसें जाते?
के बीच— उन दौंनऊँ के बीच ठन गई।
के मारें— बा के मारें चैन नाईं मिल्त।
के संग— जाके संग हम नाईं जयैं।
हम्तो भइया के संग जैंय।
के पल्लें— बा के पल्लें कुछु नाईं परो।
के बिनाँ— राजू के बिना हमऊँ नाईं जयैं।
के पास— बू तो बाई के पास जाय बैठौ।

□

अध्याय-अष्टम

इटावा जनपद की बोलियों में शब्द-समूह

जनपद की सीमावर्ती बोलियों में शब्द-समूह तथा शब्द निर्माण की प्रक्रिया

शब्द-समूह

इटावा की अधिकांश बोलियाँ पश्चिमी हिंदी की ओकार बहुला बोलियाँ हैं। वस्तुतः इटावा की बोलियों पर ब्रजभाषा, कन्नौजी और बुंदेली का प्रभाव बहुत अधिक है। साहित्य के क्षेत्र में संपूर्ण मध्ययुगीन काव्य तथा भारतेंदु युगीन काव्य की आधारभूत भाषा होने के कारण इटावा की बोलियों के शब्द भंडार में परंपरागत संस्कृत शब्दावली के कुछ रूप तो सुरक्षित हैं, किंतु बोलियों के सरलीकरण के स्वभाव के कारण तद्भव शब्दावलियाँ यहाँ अधिक संख्या में प्रयुक्त होती हैं। दीर्घकालीन मुगल शासन तथा ब्रिटिश शासन के कारण यहाँ की बोलियों पर इन विदेशी शब्दावलियों का प्रभाव बहुत अधिक है। इटावा के हजारों जवान भारतीय सेना के विभिन्न अंगों में कार्य करते हैं, इसलिए सेना से संबंधित शब्दावली भी यहाँ पर्याप्त संख्या में प्रयुक्त होती है। यही नहीं, इटावा में यहाँ की भूमि, खेत की मेड़, बीहड़ एवं जंगल से जुड़ी अनेक देशी शब्दावलियाँ भी देखने को मिलती हैं, जो अन्य बोलियों में देखने को नहीं मिलती हैं। इटावा की बोलियों में शब्द-निर्माण की दृष्टि से अनेक उपसर्गों और प्रत्ययों के प्रयोग भी देखने को मिलते हैं। कहीं-कहीं समासयुक्त शब्द-निर्माण करने की परंपरा भी दिखाई पड़ती है।

इटावा के बोलियों की शब्दावली एक ही क्षेत्र में जाति तथा शिक्षा के स्तर के कारण भिन्न मिलती हैं। ब्राह्मणों एवं क्षत्रियों की शब्दावली में तत्सम शब्दों का प्रयोग अधिक होता है, जबकि कायस्थों और मुसलमानों की बोली में अन्य हिंदुओं की अपेक्षा

फारसी शब्दों का प्रयोग अधिक मिलता है। व्यापारियों द्वारा अपने उद्योग-व्यापार से संबंधित शब्दावली के प्रयोग का कुछ अलग स्तर है। स्त्रियों की भाषा लगभग पुरुषों के समान है, लेकिन अधिक भावना प्रधान होने के कारण वे अनिष्टसूचक शब्दों का प्रयोग कम करती हैं। सामाजिक संघर्षों में जहाँ पुरुष, झगड़े, संघर्ष एवं हत्या पर उतारू हो जाते हैं, वहीं स्त्रियाँ गाली देकर ही अपना क्रोध प्रकट कर लेती हैं, इसलिए गाली संबंधित शब्दावली में स्त्रियों का प्रचुर सहयोग है।

इटावा की बोलियों के शब्द भंडार का अध्ययन करने हेतु उसे निम्नलिखित वर्गों में वर्गीकृत किया जा सकता है—

(1) अर्द्ध तत्सम
(2) तद्भव
(3) विदेशी
(4) देशी
(5) स्थानीय

(1) अर्द्ध तत्सम

मध्ययुगीन हिंदी कवियों ने ब्रजभाषा काव्य की संरचना में संस्कृत के सैकड़ों शब्दों का प्रयोग किया, किंतु ये संस्कृत शब्दावलियाँ बोली के स्तर पर सुरक्षित नहीं रह सकीं। उदाहरण के लिए आधिक्य के स्थान पर अधिकाई—वानर-बानर, ज्ञान-ग्यान, दर्शन-दरसन, आसामंजस्य-असमंजस, प्रजा-पिरजा आदि।

शिक्षित तथा सुसंस्कृत वर्ग के व्यक्ति अर्द्ध तत्सम बोली का प्रयोग करते हैं। इस अर्द्ध तत्सम बोली के भी दो स्तर पाए जाते हैं। एक स्तर का प्रयोग शिक्षित तथा सुसंस्कृत वर्ग के लोग अपने समकक्ष व्यक्तियों से बात करते समय करते हैं तथा दूसरे स्तर का प्रयोग वे अनपढ़ एवं सामान्य जनों से बातचीत करते समय करते हैं—

अकाल, दया, केसर, अंत, असुर, पवन, नदी, तारा, दिन, मांस, रस, मधु, फल, अन्न, जाति, पिता, माता, पति, गुरु, उत्तर, साधू, देवी-देवता जैसे अनेक तत्सम शब्द इटावा के शिष्ट समाज की बोलियों में सुरक्षित हैं।

(2) तद्भव शब्द

मुख-सुख एवं भाषा के सरलीकरण की प्रवृत्तियाँ बोलियों के शब्द-निर्माण में बहुत अधिक सहायक होती हैं। इटावा की बोलियों में अनुपातिक दृष्टि से सर्वाधिक संख्या तद्भव शब्दों की है। इटावा की बोलियों के अधिकतर संज्ञा पद, सर्वनाम तथा क्रियाएँ तद्भव ही हैं। कुछ प्रमुख तद्भव शब्द इस प्रकार हैं—

सलाई	–	शलाका
बछरा	–	वत्स
बिजुली (री)	–	विद्युत्
जोगी	–	योगी
टिटीरी (टिटैरी)	–	टिट्टिम
बाँह	–	बाहु
जुगुत	–	युक्ति
सांकर	–	शृंखला
साग	–	शाक
सोरा	–	षोडस
घुड़िया	–	घोटिका
विकट	–	विकृत
ठिया	–	स्थित
आगी	–	अग्नि

(3) स्थानीय शब्द

अंत (क्र.वि.)	–	लोंड़ा कहूँ अंत देखयें। (लड़का को कहीं दूसरी जगह पर देखेंगे)।
अछीकर (वि.)	–	जा तलैया में अछीकर पानी है। (इस तालाब में साफ पानी है)
अदफर	–	अदफरई उठ बैठे। (अधूरे भोजन किए उठ बैठे)।
अनुआं (सं)	–	नाम-दोष (तुम्हाओ अनुआं उसईं लग गओ)। (तुम्हारा दोष उसे ही लग गया)।
अबढ़ारो (क्रि.वि.)	–	रामू अबढ़ारो आये जैय। (रामू अपने आप आ जाएगा)।
अफर गओ (क्रि.)	–	हम्तो जा काम से अफर गए। (हम तो इस काम से परेशान हो गए हैं)
अर्राय (क्रि.वि.)	–	बू तो अर्राय परो। (वह तो नाराज हो गया)।
उढ़ना (सं.)	–	उढ़ना सब धुब गए।

		(सभी कपड़े धुल गए)।
उन्ना (अन्नी)(सं.)	-	बाकों लोंड़ा तो उन्ना भेंसा सो फित्त राऽत।
		(उसका लड़का बहुत बदमाश हो गया)।
उगाई (क्रि.)	-	काये की उगाई कत्त।
		(किसकी उगाही कर रहे)।
उजीतो (सं.)	-	उठ बैठो उजीतो हुय गओ।
		(सुबह हो गई)।
उल्लू (सं.)	-	कायें कों उल्लू बनात।
		(क्यों बेवकूफ बना रहे)।
ओत्ते (सं.)	-	हम्ने तो तोसे ओत्ते कही।
		(हमने तो प्रारंभ से कही)।
ओरे (सं.)	-	रामू के सिर मुड़ातेई ओरे पर गए।
		(रामू के काम के शुरुआत में घाटा पड़ गया)।
ओटयाई (सं.)	-	जू तो ओटपाई हो गओ। (आगरा सीमा)
		(यह तो उलटे-सीधे काम करने लगा)।
कटोरा (सं.)	-	जांदा रो रये तो कटोरा ले लेव।
		(कंजूसी बरतने पर कटोरा लेने के लिए कहना)।
किंछिना (क्रि.)	-	चौंतरा पै पानी किंछिने परये।
		(चबूतरा पर पानी छिड़कना पड़ेगा)।
किल्लत (क्र.)	-	रामू को किल्लत है गई। (फिरोजाबाद सीमा)
		(रामू को परेशानी हो गई है)।
कपट (क्रि.)	-	ओके पेट में कपट है।
		(उसके पेट में दूसरी बात है)।
किकिआय (क्रि.)	-	काये कों किकिआय रओ। (भरथना तहसील)
		(क्यों चिल्ला रहा है)।
खटका (सं.)	-	बाऊ की खटका कल्लिओ।
		(उसकी भी चिंता कर लेना)।
खुर-खुर (क्रि.)	-	काये कोंह् खुर-खुर कांटें। (भिंड सीमा)
		(क्यों ऊधम काट रहे हो)।
खजुरी (क्रि.)	-	बाकें तो खजुरी पर कें रह गई।
		(उसको तो चैन नहीं)।
खुपरी (सं.)	-	काये कों खुपरी चाटें। (सदर तहसील)

(क्यों दिमाग को चाट रहे)।

गुलामी (क्रि.) – हम काऊ की गुलामी नाईं करयें। (भरथना तहसील)
(हम किसी की गुलामी नहीं करेंगे।

गमखा (क्रि.) – गमखा मेरी भी सुन्लेव।
(रुक जाओ, मेरी भी बात सुनो)।

गँधाय (क्रि.) – तूंने घरकी बनाए गँधाय दई।
(तुमने घर की इज्जत धूल में मिला दी)।

घना (सं.) – एक घना चना मेरौ भूंजदेव।
(भाड़ पर चना या अन्य अनाज भूँजने के लिए कढ़ाई में एक बार में जो अन्न डाला जाता है)।

चिन्घत्त (क्रि.) – कायें कों चिन्घत्त। (मैनपुरी सीमा)
(क्यों चिल्लाते हो)।

जंगी (इतना बड़ा) – ऊँट जा जंगी बड़ो तो।

जप (क्रि.) – कलट्टर ने किलर्क को जप लओ।
(कलक्टर ने क्लर्क को बरखास्त कर दिया)।

जोर (सं.) – उनकों दौनऊँ जोर रोटी नाईं।
(उनके यहाँ खाने के लिए दोनों समय रोटी नहीं है)।

झरां (क्रि.वि.) – आज रात भर झरा पानी बस्सो।
(आज रात भर अकेला पानी बरसा)

झिक (सं.) – हम्तो खूब झिक गए। (फिरोजाबाद तहसील)
(हम तो खूब अफर गए)।

टीका-टीक (विशे.) – टीका टीक दुफाई में कहाँ घूमत?
(भरी दुपहरी में कहाँ घूम रहे)।

टपका (सं.) – खाये निमोरी बताबे टपका। (आगरा सीमा)
(निमोरी खाए किंतु आम बताबे)।

टिरटिरात (क्रि.) – तुम बौत टिरटिरात।
(तुम बहुत बोल रहे)।

टिटपुंजिया (सं.) – हम टिटपुंजिया आद्धमी थोड़ऊँ हैं।
(हम कोई बिल्कुल कमजोर आदमी नहीं हैं)।

टाँग (सं.) – ओके काम में टाँग माद्दई। (कन्नौज सीमा)
(उसके काम को बिगाड़ दिया)।

टलिया (सं.) – टलिया भैया कौ भैंसिया खरीदबिन ले चलो। (जो जानवरों के क्रय-विक्रय में मध्यस्थता करता है)।

ठरगजो (सं.) – तू बात बड़ो ठरगजो है। (मैनपुरी सीमा) (तूँ अपने को बहुत बड़ा समझता है)।

ठाकुर (सं.) – तू बड़ो ठाकुर को बच्चा बन्त। (तूँ अपने को अधिक ऊँचा समझता है)

डींगे (विशे.) – तुम बड़ी डींन्गे मात्त हो। (तुम बड़ी लंबी-चौड़ी बातें कर रहे हो)।

डुबुकी(गायब होना) –तुम बौत लंबी डुबुकी लगाये गए ते। (सदर तहसील) (तुम बहुत दिनों से गायब हो)।

डोकर (सं.) – हमाये डोकर आतु हुंयें। (भिंड सीमा) (हमारे पिताजी आते होंगे)। (डोकर शब्द बूढ़ों के लिए भी प्रयुक्त होता है)।

डकार (क्रि.) – पट्ठा सिबई रूपया डकार गओ। (जवान सभी रुपया खा गया)।

ढाँक् (सं.) – (साँप के विष को उतारने के लिए ढाँक बजबाई जाती है)।

तीतीं (क्रि.वि.) – लकड़ियाँ तीतीं हैं। (लकड़ियाँ गीली हैं)।

डंडी (सं.) – उसने तौल में डन्डी माऽलई। (उसने तौलते समय चतुराई से कम तोला)।

थुनकिया (सं.) – छप्परा की थुनकिया आँधी में टूट गई। (छप्पर को गिरने से रोकने के लिए लगाई गई लकड़ी)—(खंभा)।

था – जा तलैया की था नाईं मिल्त। (मैनपुरी सीमा) (इस तालाब की गहराई का पता नहीं लगता)।

दुपतिया (सं.) – बरात में दुपतिया जादां आये। (बरात में दूसरी जाति के लोग ज्यादा आए।

दुकाय (क्रि.) – छिपाना—बाने लरका कों दुगाय दओ। (उसने लड़के को छिपा दिया)।

धनकर (सं.) – हियाँ धूरा बौत उड़त है।

		(यहाँ धूल बहुत उड़ रही है)।
नौनी (क्रि.)	-	तुम्हाये खेत की नौनी हो गई। (फिरोजाबाद सीमा)
		(तुम्हारे खेत की फसल कट गई)।
निरो (क्रि.वि.)	-	तूँ तौ निरो खात है)।
		(तू तो अधिक खाता है)।
निघट (क्रि.वि.)	-	बाको अभई नाज निघट गओ।
		(उसका अभी अनाज समाप्त हो गया)।
नौंदा (सं)	-	जा नौंदा की लकड़िया नींकी है।
		(इस नए नीम की लकड़ी अच्छी है)।
		(फर्रूखाबाद सीमा)
पंजा (सं.)	-	ईसुर को पंजा बनो रहे।
		(ईश्वर की कृपा बनी रहे)
पंगत	-	आज सेट के हियाँ बड़ी भारी पंगत है।
		(आज सेठ के यहाँ बड़ी दावत है)।
पढ़ेरना (क्रि.)	-	खेत कों पढ़ेन्ने परये। (विधूना तहसील)
		(खेत की परेबट करनी पड़ेगी)।
पेड़ो (सं.)	-	हमाओ पेड़ों न करिओ।
		(हमारी प्रतीक्षा नहीं करना)।
फोंरा (सं.)	-	बाको फोंरा माँग ल्या। (भरथना तहसील)
		(उसका फाँवड़ा माँग ले आ)।
फरेंदो (सं.)	-	हुआं फरेंदो को पेड़ो ठांडो है।
		(वहाँ जामुन का पेड़ खड़ा है)।
बिरयात (क्रि.)	-	बाकों काये कइयां बिरयाबत।
		(कानुपर, फर्रूखाबाद सीमा)
		(उसको क्यों परेशान करते हो)।
बिलिया (सं.)	-	जा बिलिया में सालन धद्देव। (भरथना तहसील)
		(इस कटोरी में सब्जी रख दो)।
भात (सं.)	-	जिजी कों भात पेनानें जानों है। (सदर तहसील)
		(बहन के यहाँ शादी आदि में कपड़ा देने को 'भात' कहते हैं)।
भगरे (क्रि.वि.)	-	काये कों भगरे बनात।
		(क्यों बहाना बना रहे हो)।

भड़भड़ात (क्रि.)	–	काये कों भड़भड़ात। (क्यों जल्दबाजी करते हो)।
भिबयात (क्रि.)	–	छिरिया भिबयात है। (औरैया तहसील) (बकरी चिल्ला रही है)।
भुन्टिया (सं.)	–	भुन्टिया खेत में छोटी आई। (ज्वार की भुन्टिया खेत में छोटी है)।
भटभटात (क्रि.)	–	कायें कों किबारा भटभटात। (विधूना तहसील) (क्यों किवाड़ खटखटा रहे हो)।
मुसीका (सं.)	–	भैंसन कें मुसीका लगाये देयो। (भैंसों के मुँह में रस्सी का जाल लगा दो, जिससे कुछ खा न सकें)।
मुक्तो	–	तिरकारी में नोंन मुक्तो है। (सदर तहसील) (सब्जी में नमक पर्याप्त है)।
मान्स (सं.)	–	अरे भले मान्स रत्ता तो बताये दे। (भरथना तहसील) (अरे भले आदमी रास्ता तो बता दो)।
मिमयाय (क्रि.)	–	छिरिया मिमआय रही। (बकरी बोल रही)।
रहुअर (सं.)	–	जा रहुअर काँते आय गई। (सदर तहसील) (घर में बच्चों की संख्या को क्रोध में रहुअर कहते हैं)।
राँध (क्रि.)	–	का तिरकारी रान्ध लई। (क्या सब्जी बनाई)।
रुन्ध (क्रि.)	–	जा नाली को पानी काये रुन्ध गओ। (इस नाली का पानी क्यों रुक गया)। (भरथना तहसील)
रेंहकत (क्रि.)	–	भैंसा काये रेंहकत। (मैनपुरी सीमा) (भैंसा क्यों बोल रहा है)।
रगड़ा (सं.)	–	का रगड़ा है। (ताखा खंड) (क्या मामला है)।
रिंन-रिंन (क्रि.)	–	कैसो रिंग-रिंग चल्त। (कैसे धीरे-धीरे चल रहे हो)।

रुआसो	–	तिहाओ मोंड़ा रुआसो है। (आगरा सीमा) (तुम्हारा लड़का रोने वाला है)।
लमक (क्रि.वि.)	–	लमक कें चलो नाईं गाड़ी छूट जैय। (तेज कदम से चलो नहीं तो गाड़ी छूट जाएगी)।
लोंड़ा (सं.)	–	जू लोंड़ा बातई नहीं मान्त। (यह लड़का कोई बात किसी की नहीं मानता)।
लिसेर (क्रि.)	–	रामू कों काये में लिसरे दओ? (रामू को किस में भिड़ा दिया)?
लेंड़ी (सं.)	–	लेंड़ी। (कुत्ता को भगाने के लिए या दूर जाने के लिए लेंड़ी का प्रयोग करते हैं)।
लेहड़ी (सं.)	–	खेत लेंहड़ी से भरयें। (टीन की बनी हुई, जिसे दो लोग चलाकर तालाब, नहर से पानी भर–भरकर कुछ ऊँचाई पर एक ही स्थान से फेंकते हैं)।
सिकिल (क्रि.)	–	उयें सिकिल जा। (उधर बढ़ जाओ)।
सिटपिटाय (क्रि.)	–	बू तो अधकारी के सामने सिटपिटाय गओ। (वह तो अधिकारी के समक्ष डर गया)।
सहूर (क्रि.वि.)	–	हमें तुम सहूर बतयौ? (हमें तुम क्या सिखाओगे)?
सबित्ती (क्रि.वि.)	–	कल्य सबित्ती आय जइओ। (कल जल्दी आ जाना)।
सेलात (क्रि.)	–	का सेलात है? (क्या फसल उड़ा रहे हो—चना, गेहूँ, जौ, तोये, बौंत काम सेलात हैं)? तुम्हें जल्दी काम करना आता है)।
हर्रई (क्रि.)	–	लोंड़ा रे खेत में हर्रई लगा आ। (परेबट के बाद खेत जोतने के लिए कुछ सूखा हो जाए, जिस पर पटेला लगाते हैं, उसे हर्रई बोलते हैं)।
हामी (क्रि.)	–	पैलें काये कों हामी भरी ती? (पहले क्यों आश्वासन दिया था)?

हरैया (क्रि.)	–	कियें से हरैया भरऔ। (किसान जब खेत जोतता है तो वह कुछ हिस्से को पहले जोतता है, उसे 'हरैया' कहा जाता है)।
हल्ला (क्रि.)	–	काये कों बाकी हल्ला करबयौ? (क्यों उसकी डाँट पड़वाओगे?
हुन्डा (सं.)	–	तोपे बड़े हुन्डा धरे। (तुम पर बहुत पैसा है)।

(4) देशी शब्द

अंदाजन (क्रि.)	–	जू चून आरा किलो के अंदाजन हुयै। (यह आटा बारह किलो होगा, यह अंदाज है)।
अथई (सं.)	–	अथई छाक आप चाबो। (दोपहर के बाद आ जाओ)।
अर्रा (सं.)	–	जा खेत में अर्रा बै दई। (इस खेत में अरहर बो दी)।
अलोनो (क्रि.वि.)	–	सालन का अलोनो बनाओ? (क्या सब्जी बिना नमक-मिर्च की बनाई?)।
आड़ (सं.)	–	बाये तुम आड़ मयें देखिओ। (उसको छिपकर देखना)।
अनुआँ (बहाना)	–	मेरी अनुआँ काये लगात? (मेरा नाम क्यों लेता है)?
अखर (क्रि.)	–	रामू को मरबो अखर गओ। (रामू का मरना कष्ट दे गया)।
आँस (क्रि.)	–	बाको जइबो आँस गओ। (उसका यहाँ से जाना खल गया)।
आधिमी (सं.)	–	बू आधिमी नींकों नाईं। (वह आदमी ठीक नहीं है)।
अबेर (सं.)	–	अबतो अबेर हुय गई।
इमिली (सं.)	–	हियाँ इमली नाईं मिल्त।
ईंधन (सं.)	–	ईंधन रसुइया के लहें फार रहो।
उखारी (सं.)	–	जो उखारी को गन्ना नींको नाईं। (इस खेत का गन्ना अच्छा नहीं है)।

ओसर	–	नई गाय-भैंस जो प्रथम बार ब्याने को हो।
ओंग (क्रि.)	–	तोये बड़ी जन्दी ओंग आये गई। (तुझे बड़ी जल्दी नींद आ गई)।
कीचर (सं.)	–	जा गली में बौत कीचर है।
कनपटी (सं.)	–	बाके कनपटी में थप्पड़ दई। (उसके गाल पर तमाचा मार दिया)।
कबरा (वि.)	–	बाको कुत्ता कबरा है। (उसका कुत्ता काला-सफेद है)।
किस्सा (सं.)	–	इक किस्सा कह देव। (एक कहानी सुना दो)।
खिचरी (सं.)	–	आज का खिचरी बनाई? (आज क्या खिचड़ी बनाई)?
खुपरी (सिर)	–	एकई लाठी में खुपरी फाद्दियें।
खें (सं.)	–	चूले की खें डादिओ। (चूल्हे की राख डाल देना)।
खुपटना (क्रि.)	–	रात में काऊ कों खुपटना नईं चयैं। (रात में किसी को टोकना नहीं चाहिए)।
गप्पें (क्रि.)	–	कायें कों गप्पें मात्त? (क्यों झूठ बोल रहे हो)?
गुलगुला (सं.)	–	तेरे हियाँ आज गुलगुला बने हुयैं। (आटे का गोल मीठा पकवान)।
मीद (क्रि.)	–	सांड़ खेत में गीद गओ। (साँड़ का खेत में आना नित्य हो गया)।
गमार (वि.)	–	बाको लरका गमार हुय गओ। (उसका लड़का ऊधमी हो गया)।
घपला	–	बा ठेकेदार ने बड़ो घपला करो। (उस ठेकेदार ने बहुत पैसा खाया)।
घनोंची (सं.)	–	(गरमी में पड़ुआ मिट्टी का बना हुआ वह स्थान, जहाँ पर पानी का घड़ा ठंडा होने के लिए रखा जाता है)।
घुन्ना (सं.)	–	जू बौत घुन्ना है। (जो कम बोलता है)।

घामों (सं.)	–	आज चिल्लीदार घामों है।
		(आज बहुत तेज धूप है)।
चोंतरा(चबूतरा)(सं.)	–	जा चोंतरा पै बैठो।
चुखरा (चूहा) (सं.)	–	जू चूखरा आये गओ।
चिमचा (सं.)	–	हम काऊ की चिमचा–गीरी नाईं करयें।
		(हम किसी की नाजायज सेवा नहीं करेंगे)।
चूतिया	–	काये कों चूतिया बनात?
		(क्यों पागल बनाते हो)?
चिल्लड़ (सं.)	–	हमें का चिल्लड़ समज लिया?
		(हमें क्या हलका समझ लिया)?
चून (सं.)	–	घरयें आज चून नाईं।
		(घर में आज आटा नहीं है)।
छन्ना (सं.)	–	हुआँ ते छन्ना उठाय लिओ।
		(वहाँ से कपड़े का टुकड़ा उठा लेना)।
छिरिया (सं.)	–	जा छिरिया ढिल गई।
		(यह बेकरी छुट गई)।
छप्पर (सं.)	–	मेरो छप्पर छबबाये देव।
		(मेरा छप्पर बनवा दो)।
छान (क्रि.)	–	आटा चिलनी से छान लो।
जनीं (सं.)	–	(औरतों के लिए प्रयुक्त होता है)'।
		जे जनीं काँते आईं।
जन्दीं (क्रि.वि.)	–	तुम जन्दी आय जाबौ।
		(तुम जल्दी आ जाओ)।
घपला (क्रि.)	–	जामें बौत घपला भअे।
जुआँरो (सं.)	–	बैलन पै जुआँरो धद्देव।
		(बैलों के कंधों पर जुआँ रख दो)।
झबैया (सं.)	–	झबैया में चारों लेहं अइयो।
		(डलिया में चारों लेते आना)।
झिजक (क्रि.वि.)	–	नये के मारे लोंड़ा झिजक रहो।
		(नए होने के कारण लड़का संकोच कर रहा है)।
झबरा (क्रि.)	–	जू कुत्ता तो झबरा है।
		(बड़े-बड़े बालों बाला कुत्ता)।

टीला (सं.)	–	(ऊँचा स्थान) चलो टीला पै बैठयें चलैं।
टिक्की (सं.)	–	पेट के पीर की टिक्की लेंह अइओ।
टेल्या (क्रि.)	–	(बुला लाओ)—बाकों हिंयन टेल्या।
टुकनियाँ (सं.)	–	(छोटी बिनी हुई टोकरी)।
		(टुकनियाँ में तुरइयाँ धरीं हुइयें)।
टीलपाये (सं.)	–	छप्पर धरबिन कों टीलपाये बनबाओं परयें।
		(मिट्टी या मिट्टी ईंट से बने हुए, लघु आकार में, जिस पर छप्पर का आगे वाला हिस्सा रखा जाता है)।
ठलुआई (क्रि.वि.)	–	तूँ तो ठलुआई कत्त राऽत।
		(तू अपना समय बेकार में व्यतीत कर देता है)।
ठुकाई (क्रि.)	–	बा नेता की लरकन ने ठुकाई कद्दई।
		(उस नेता की लड़कों ने पिटाई कर दी)।
ठन्डन (क्रि.)	–	आज तो ठन्डन मर गए।
		(आज सर्दी से अधमरे हो गए)।
ठल्ला (सं.)	–	भैंसिया ठल्ला निकर गई।
		(भैंस गाबिन नहीं है)।
ठाठ (सं.)	–	अब का, अबतो तुमाये ठाठ हैं।
		(बहुत कुछ किसी के साथ शुभ हो जाए)।
डोरा (सं.)	–	रजैया में डोरा डरबाय लेव।
डलिया (सं.)	–	डलिया में गैया कों चारो धद्देय।
ढील (क्रि.)	–	(छूट)—अपयें लरकन को ढील दे दई।
ढकना	–	ढकना भगबना पै धरदेव।
		(ढक्कन भगौना के ऊपर रख दो)।
तम्हाड़ी (सं.)	–	रसयाउर तम्हाड़ी में बनाये लो।
		(रखखीर तमाड़ी में बना लो)।
तूती (क्रि.)	–	बाकी गाँव में तूती बोल्त।
थोंद (सं.)	–	(थोंद)—बाकी थोंद निकर आई।
थरिया (सं.)	–	(थाली)—थरिया में भात सिरबाये देव।
थुरिया (सं.)	–	(पड़िया)—जा धुरिया तीन हजार की लई।
थोरो (क्रि.वि.)	–	थोरो मेरूऔ काम कद्दे।
		(थोड़ा मेरा भी काम कर दो)।
दुत्कारना (क्रि.)	–	काये कों बाये दुत्कारत?

		(उसको क्यों डाँटते हो)?
दिउल (सं.)	–	दिउल पिसबाये दे।
		(चना का छिलका हटने पर टूटे हुए चना को)।
दिउर (सं.)	–	(देवर)—दिउर कों बुलाओ है।
दिमाँक (सं.)	–	तेरी दिमाँक ठीक नहियें।
		(तेरी बुद्धि ठीक नहीं है)।
दुधांड़ी (सं.)	–	(जिसमें दूध गरम होता है—दुधांड़ी में दूध डाद्दे)।
दुफारी (क्रि.)	–	जा टेम टीका-टीक दुफारी है।
		(इस समय भयंकर धूप है)
धक्का (क्रि.)	–	ओने ओकें धक्का दओ।
धंदा (सं.)	–	धंदा ठीक नाईं चल्त।
नीमर (सं.)	–	(नीम)—जा नीमर में बारा धन्ने हैं।
नौंता	–	निमंत्रण—बाके हियाँ को नौंता है।
निहुरा (सं.)	–	निहुरा रत्ता काट गओ।
नगींच (क्रि.)	–	नगींच सिकिल आओ।
		(पास में खिसक आओ)।
निच्चूं	–	हस्तो चौका-बासन तै निच्चूं हुय गईं।
पैरिया (सं.)	–	धनकर की पैरिया पै धरो है।
		(धान के कटे हुए पौधों का ढेर)
पखिया (सं.)	–	(क्यारी)—जा पखिया में आलू धर देव।
पोली (क्रि.)	–	घास की गठरिया पोली बाँन्धी।
		(गठरी को कमजोर बाँधा)
पराँठा (सं.)	–	दुय-तीन पराँठा बनाए देव।
पतेली (सं.)	–	पतेली में दार बन्त है।
फुलकिया (सं.)	–	एक फुलकिया मोये दे देव।
		(जो पतली रोटी फूल जाए)।
फुरफुरी (सं.)	–	हमें तो बाये देखतई फुरफरी आये गई।
		(कोई भयंकर या चोटिल शरीर देखकर शरीर में जो कँपन होता)।
फअरिया (सं.)	–	बाकी बहू तो फुअरिया है।
		(उसकी बहू तो गंदी है)।
बिलना (सं.)	–	पुरीं बिलबें को बिलना लिआऔ।

		(लकड़ी का छोटा रूप, जिससे पूड़ी बेली जाती है)।
बड़नी (सं.)	–	(छोटी झाड़ू)—अबै तक घर में बड़नी नाईं लगी।
बैसाक (सं.)	–	(बैसाख)—बैसाक को महीना खत्म हुयबिन को भओ।
बकुआ (क्रि.)	–	(बहाना)—बकुआ बनायें के ठग ले गऔ।
बराती	–	जे सब बराती हैं।
भूत (सं.)	–	जा बाग में भूत है।
भूरा (वि.)	–	जू कुत्ता पूरो भूरा नाईं।
		(यह कुत्ता संपूर्ण सफेद नहीं है)।
भुलक्कड़ (क्रि.)	–	तुम बौत भुलक्कड़ हो।
		(अधिक भूलने वाले को)
भोंदू	–	तुम हमेशा भोदूँ रहऔ।
		(तुम हमेशा पागल रहोगे)
मंझिया (सं.)	–	तूँ तो बाके बिआव में मंझिया हतो।
		(संबंधों की मध्यस्तता कराने वाला)
मूंरा (सं.) (मिली)	–	खेत के आज सिब मूंरा उखर गए।
मिचुआ (सं.)	–	खटिया के मिचुआ टूट गए।
रूठना (क्रि.)	–	(नाराज होना)—रामू बिना बाये रूठ गओ।
रोपा (क्रि.)	–	धान को रोपा होत है।
		(धान की रुपाई हो गई)।
रिमझिम	–	पानी रिमझिम-रिमझिम बस्य रहो।
रई (सं.)	–	बजार ते मठा फिरिबे को रई लेंह अइयो।
रखिया (सं.)	–	सलूनों पै भइया कें राखिया बाँधन धरै जयैं।
रान्ड़ (सं.)	–	जिसका पति खत्म हो गया।
		(बा तो विचारी रान्ड़ हुय गई।
रूई (सं.)	–	रजैया में रूई डरबाय लियो।
लूका (सं.)	–	(पतली लकड़ी में ज़लती आग)
		बाने बाके छप्परा में लूका ते आगी लगाय दई।
लेस (क्रि.)	–	दिबाल पै लेस कद्दें।
लेरुआ (सं.)	–	जू किन्को लेरुआ है।
		(यह किस गाय-भैंस का बच्चा है)।
लुढ़का (क्रि.)	–	लोटा को पानी लुढ़क गओ।
		(लोटा का पानी फैल गया)।

सन्जा (सं.)	–	(शाम)—चलू घरै चलयें सन्जा हुय गई।
सिंमईं (सं.)	–	(मैदा की पतली बटी हुई)
		नांगपच्चमी कों सिमईं काजों दूद दे दिओ।

विदेशी शब्द अंग्रेजी स्त्रोत से आए शब्द

अंजन (इंजन)	–	इंजीनियर
इस्पेक्टर	–	इमरेंसी
इस्कूल	–	इंजेक्सन
इनकम	–	कलट्टर
किलरक	–	कालर
कफ	–	कलर
कैमरा	–	केस
गैस	–	गिलास
गॉरमेन्ट	–	जज
डालडा	–	डिराईबर (डाईबर) डिलाइबर
मिडगाड	–	फ्रेम
चेन	–	पोस्टमैन
पोसकाड	–	ओवस्सीयर
टूपबैल	–	टैट्टर
रेडियो	–	मिलेरिया
केंप	–	निमांनियाँ
टांसफर (टेंसफर)	–	पसींजर
रिकाड	–	पोडर
पाबर (पेबर) प्योर	–	पैप (पाइप)
हैल्त	–	डोन (डाउन)
एस्सीडेंट (एक्सीडेंट)	–	बोल्ट (बुल्ट)
मसीन	–	सीमिंट
सीजन	–	पिरेस
बैंक (बंक) बंग	–	बिल
जग	–	डिलेबरी पैप
पुली	–	परसेंट
सिलेट	–	रिम

ग्रीस	–	सीट
कानिसटेबल	–	टैबलेट
टेलर	–	टीसेट
मोटर सायकिल	–	सिनेमा
टिकट	–	टेलीबीजन
टेलीफोन	–	लेन, लाइन (लान)
एडी	–	बैराटी
एरिया	–	फीस
इन्छ (इंच)	–	फुट
मीटर	–	डॉग्डर
डेली	–	सैल
सै.आई.डी.	–	सेंट
पेंट	–	बेल्ट
बेग	–	जेल
जेलर	–	लेटरिंग (लैट्रिन)
परमीसन	–	एडमीसन
लेटर	–	मनियाडर
पंप	–	लेबर
बोतल	–	कंट्रोल
इनकम	–	स्टाम्प
गाड	–	पुलस (पुलिस)
वाईकाट	–	रिपोट (रपट)
बारिन्ट	–	रेल
बोगी	–	बाड (बार्ड)
पलस्तर	–	पिलास्टिक
बिंडिंग	–	पुलटिस
कंपोटर	–	अपसर
फाइर	–	लालटेन
टूब (ट्यूब)	–	हिंडल (हेंडल)
पैडल	–	फोटू
सिकरिट	–	बिस्कुट
कापी	–	रिक्सा

बेलू	–	बकस
होटल (होटिल)	–	लाइट (लाट)
पेंन (पिन)	–	पिन्सिल (पेंसिल)
पैंशन	–	पिलेटफारम
बटन	–	बोट
नोट (लोट)	–	सैट, बुस्सैट (शर्ट)
एजिन्ट	–	मज्जटेट
सरबिस	–	मैंनेजर
टीचर	–	माट्टर
सूंटर	–	सिनेमा
रोड	–	कोट
लम्बर (नंबर)	–	पास
फैल	–	बलब (बल्ब)
टेंम	–	(टायम)
रिबाल्वर	–	इट्टेसन (टेसन)
मीठ (मीट)	–	रिटायर

इसलामी स्त्रोत से आए शब्द

काफी	–	आधमी
गलीज	–	गरीबी
सवाल	–	सबाद
ख्याल	–	जवाब
रकम	–	मदस्सा
जरूर	–	नाराज
खास	–	जेदा (ज्यादा)
चीज	–	नामद्
बँटबारा	–	हकीकत
हकूमत	–	दहसत
फकीर	–	दफन
दुरदशा (दुद्दशा)	–	दौलत
कमबकत (कमबखत)	–	कमअकल
बेकूप (बैवकूफ)	–	खुसुबू

गैरहाजुर (गैरहाजिर)	–	गैर–कानूनी
नासमज (नासमझ)	–	नादान
बदोलत	–	बदमांस
बकबास	–	बदबू
बरखास	–	बरदास्त
बेईमान	–	बेइज्जती
बेकिसूर	–	बेहोस
लाचार	–	लापरबा
लापता (नापता)	–	सिरकार
सिरपंच	–	सिरदार
सत्तियाँ	–	हमदर्दी
हरचीज	–	हरसाल
हरबखत	–	निकम्मा
अदालत	–	कमर
मुकद्दिमा	–	सिपारिस (सिफारिश)
रिस्बत	–	तारीख (तारीक)
तलाक	–	तकदीर
तरफदारी	–	जादाद
जमीन	–	जागीर
जाइज	–	नाजाइज
किताब	–	दगाबाज
धोकेबाज (धोखेबाज)	–	बेरहम

इटावा कपद की बोलियों में शब्द-निर्माण की प्रक्रिया

इटावा जनपद की बोलियों में शब्द–निर्माण की प्रक्रिया में समास, आवृत्ति, उपसर्ग एवं प्रत्ययों की महत्त्वपूर्ण भूमिका रही है। समास के प्रयोग संज्ञा, सर्वनाम, विशेषण, क्रिया तथा कृदंत के रूप में देखने को मिलते हैं—छिरिया—बुकरा (संज्ञा), वे—तुम (सर्वनाम), हम–तुम (सर्वनाम), भलो–बुरो, अच्छो–भलो (विशेषण), उठत–बैठत, खात–पिउत (क्रिया), रोये–गाय कें (कृदंत)। समासों के अधिकांश प्रयोग द्वंद्व समास के रूप में ही दिखाई पड़ते हैं।

आवृत्ति

इटावा की बोलियों में शब्द-रचना की दृष्टि से शब्दों की आवृत्ति के अनेक रूप देखने को मिलते हैं। इस तरह की आवृत्ति का वर्गीकरण निम्न प्रकार से किया जा सकता है—

(अ) मूल शब्द की आवृत्ति

घर-घर, गाँव-गाँव, मिन्ट-मिन्ट, गली-गली, ढिंगा-ढिंगा (संज्ञा); पकी-पकी (क्रिया-विशेषण), खाय-खाय, चन्त-चन्त (चल्त-चल्त)—(क्रिया) जसवंत नगर क्षेत्र।

(ब) मूल शब्द—विलोम शब्द

दिन-रात, भलो-बुरो, सुबै-शाम, देश-विदेश, ऊपर-नीचे, उठत-बैठत, सोत-जगत, उलटो-सीदो।

(स) मूल शब्द—उसी क्षेत्र (विषय) शब्द

लड़ाई-झगड़ा, सीदो-सादो, किल्ली-डन्डा, ईंट-पत्थर, लिखा-पढ़ी, घूम-फिर, घर-द्वार।

(द) मूल शब्द—मिलता-जुलता निरर्थक शब्द

पानी-आनी, रोटी-ओटी, दार-फार, लोकिया-ओकिया, कलेऊ-अलेऊ, उद्दय-शुद्ध, खेत-ऐत, पढ़त-अढ़त।

उपसर्ग

उपसर्ग शब्द-निर्माण की प्रक्रिया में महत्त्वपूर्ण भूमिका निभाते हैं। इटावा की बोलियों के अधिकांश शब्द शेष बोलियों से मिलते-जुलते हैं, किंतु कुछ उपसर्ग इटावा की बोलियों में विशिष्ट संदर्भों में प्रयुक्त हुए हैं। ये उपसर्ग कुछ तो हिंदी उपसर्गों की परंपरा से मिलते हैं और कुछ इसलामी स्रोत से आई अरबी, फारसी भाषाओं से लिये गए हैं।

हिंदी उपसर्ग

कु	पढ़	कुपढ़
अन	सुनी	अनसुनीं
भड़	पका	भड़पका (भड़पक)
अध	मरो	अधमरो
अन	जान	अनजान
कु	जात	कुजात

कु	रूप	कुरूप
अ	जान	अजान
नि	हाथ	निहत्तो
नि	डर	निडर
कु	बेरां	कुबेरां
पर	जात	पज्जात
पन	सेर	पन्सेरा
नि	पानी	निपनियाँ
उ	शीस	उसीसें
ति	द्वार	तिदबार

उर्दू उपसर्ग

ना	लायक	नालायक
वे	वकूफ	बेवकूफ
वे	अकल	बेअकल
वे	रहम	बेरहम
बा	कायदां	बाकायदां
ना	जायज	नाजायज
कम	जोर	कमजोर
ना	राज	नाराज
बद	नाम	बदनाम
बे	ईमान	बेईमान
ला	परबा	लापरबा
सर	दार	सिरदार
सर	पंच	सिरपंच
सर	हद	सिरहद
हर	रोज	हर्रोज
हर	साल	हस्साल
हर	चीज	हच्चीज
खुश	बू	खुशबू

□

अध्याय-नवम

इटावा जपनद की सीमावर्ती बोलियों में क्रिया रूपों का अध्ययन

इटावा जनपद की सीमावर्ती बोलियों में क्रिया रूपों का भाषा वैज्ञानिक अध्ययन

क्रिया

इटावा जिले की सीमावर्ती बोलियों में सहायक तथा मुख्य क्रिया के सभी रूप मिलते हैं, ये इटावा की क्षेत्रीयता एवं सीमावर्ती विशेषताओं के कारण हिंदी की अन्य बोलियों से काफी भिन्न हैं। खड़ी बोली की है, हैं, हूँ और हो तथा उनके भूत एवं भविष्यत् काल के रूप में निम्नलिखित रूप में मिलते हैं—

वर्तमान काल

पुरुष	**एकवचन**	**बहुवचन**
उत्तम पुरुष	हो, हौं	हैं
मध्यम पुरुष	हो, ओ, हे	हो
अन्य पुरुष	हे, ऐ	हें, ऐं

भूत काल

पुरुष	**एकवचन**	**बहुवचन**
उत्तम पुरुष	हो, हते	हतें
	(स्त्री.)–हती	(स्त्री.) हतीं
मध्यम पुरुष	तो, ते, हतो	ते, हते, हतो
	(स्त्री.)–ती, हती	(स्त्री.)–तीं, हतीं

अन्य पुरुष	तो, ओ, हतो, है (स्त्री.)-ती, हती	हते, ए, हैं (स्त्री.)-तीं, हतीं

भविष्यत् काल

पुरुष	एकवचन	बहुवचन
उत्तम पुरुष	ऐं, ओ, हों	ओ, ऐं, हें
मध्यम पुरुष	ऐ, ओ	ओ ऐं
अन्य पुरुष	ऐ	ऐं

सहायक क्रिया के रूप, काल, पुरुष, वचन तथा कभी-कभी लिंग के अनुसार संचालित होते हैं। प्रयोग के समय सहायक क्रिया के कुछ रूपों की संधि प्रायः मूल क्रिया के साथ हो जाती है, जैसे—

जात हतो—जात्तो।

सहायक क्रिया में भूतकाल के सभी पुरुषों और वचनों में हतो, हते तथा स्त्रीलिंग में हती रूप मिलते हैं।

भूतकाल को छोड़कर, वर्तमान तथा भविष्यत् काल में सहायक क्रियाओं में स्त्रीलिंग के लिए अलग रूप मिलते हैं। सहायक क्रिया का एक भूतकालिक रूप रहे (एकवचन) तथा रहें (बहुवचन) के रूप में मिलता है। यह रूप मूल क्रिया और सहायक क्रिया दोनों रूपों में मिलता है, जैसे—

तीन कोरी रहें। चार चोर रहें।
बू हुईं सोउत रहे। बे जात रहे।

मुख्य क्रिया

मुख्य क्रियाओं में इटावा की बोलियों में भूत काल के कृदंतीय रूप अधिकतर ओकारांत होते हैं। यमुना और चंबल के बीच पारपट्टी क्षेत्र, फिरोजाबाद जिले की शिकोहाबाद तहसील से जुड़े सीमावर्ती क्षेत्र, मैनपुरी तथा फर्रूखाबाद से जुड़े क्षेत्र में इटावा जिले की बोलियों की क्रियाओं में ओकारांत है, जैसे—

चल्यो, गयो, आयो, चलो, गओ, आओ, गवो, आवो आदि।

अकर्मक और सकर्मक क्रिया

मूल क्रियाओं के अकर्मक और सकर्मक दोनों रूप मिलते हैं—

अकर्मक	सकर्मक
बू सोत है।	
बू रोजयै पिटत है।	बू बहू को रोजई पीटत।

बू रोज लुटत है। बू गरीबन कों खूबई लुटत।

कुछ सकर्मक क्रियाओं के साथ दो-दो कर्म प्रयुक्त होते हैं—

बऊ लला कों दूद पिबात है।

बू लोंड़न कों झगरो सिखाय रओ।

प्रेरणार्थक क्रिया

इटावा जिलों की बोली में प्रेरणार्थक क्रियाओं के पर्याप्त उदाहरण मिलते हैं। सकर्मक और अकर्मक क्रियाएँ करने में कर्ता किसी दूसरे की प्रेरणा या सहायता पर निर्भर नहीं रहता, किंतु कुछ ऐसी भी क्रियाएँ होती हैं, जिन्हें करने के लिए कर्ता दूसरे को प्रेरणा या सहायता देता है या वह किसी दूसरे से प्रेरणा या सहायता लेता है।

प्रेरणार्थक रूप बनाने के लिए मूल क्रिया के प्रथम स्वर को (यदि दीर्घ हो तो) ह्रस्व कर दिया जाता है—

बाने बाये गीत गबाओ।

प्रेरणार्थक क्रिया के रूप तीनों कालों, दोनों वचनों और दोनों लिंगों में मिलते हैं—

बू काम करबाय रहो।
बाने बाये मरबाय दओ।
बाने उखारी गुड़बाये दई।
बू बिनें गड़बाय दिये।
बा बाये पिटबाये दिये।
बाये खुदबाये कें फिकबाये दओ।

संयुक्त क्रिया

दो या दो से अधिक क्रियाओं को जोड़कर संयुक्त क्रियाओं को बनाने की प्रवृत्ति इटावा की बोलियों में बहुत अधिक मिलती है। संयुक्त क्रिया की रूप-रचना में कभी दो प्रधान क्रियाएँ, कभी तीन प्रधान क्रियाएँ, कभी चार प्रधान क्रियाएँ, कभी दो प्रधान क्रिया + एक सहायक क्रिया या तीन प्रधान क्रिया + एक सहायक क्रिया के रूप देखने को मिलते हैं—

(अ) दो प्रधान क्रिया का संयोग

चले जइओ। मर गओ।
टूट परी। काँप उठो।

(ब) तीन प्रधान क्रिया का संयोग

उनें चलो जान देव।
बाये पढ़ जान देव।
बाको बोये लेन देव।

(स) चार प्रधान क्रिया का संयोग

निक ठाड़ें हुय जाव करै।
बाये पढ़ लेन देव करे।
बाये पढ़न जान देव करै।
बासन ठांड़े हुय कें धोये लेव करै।

(द) दो प्रधान क्रिया + एक सहायक क्रिया

बू चलो गओ हतो।
बो पढ़न गओ है।
बू उढ़ना सिलान गओ है।

(ध) तीन प्रधान क्रिया + एक सहायक क्रिया

रोटी बनाई जाय रही है।
रोटी बनात खात जात है।
बाँसुरी अजात जाए रही है।

संयुक्त क्रियाओं में मुख्य क्रिया के साथ बैठना, डालना, लेना, देना, आना–जाना, करना, रहना, लगना, चुकना, पड़ना, उठना, पाना, सकना, चाहना आदि क्रियाएँ प्रयुक्त होकर संयुक्त क्रिया का रूप निर्मित करती हैं। खड़ी बोली की उक्त क्रियाओं के ग्राम्य रूप ही संयुक्त क्रियाओं में प्रयुक्त होते हैं। उदाहरणार्थ—

पूँछ बैठो। दे बैठो। माड्डारो।
लिख डारो। खरीद लई।
पढ़ लई। लौट आओ।
पोंच गओ। पढ़ो कत्त है।
रोऽत राऽत है। पढ़न लगो।
नेता बन चुको। काये नाईं बन्त।
टूट परो। रोटी खान परी।
बू रोय उठो। नाईं देख पात।
बू जाय सकत। काहन चाँत।
मन्न चाँत। जाओ चाँत।

नामबोधक क्रियाएँ

जिन क्रियाओं का निर्माण संज्ञा या विशेषण में प्रत्यय जोड़कर होता है, उसे 'नाम धातु' कहते हैं। इटावा की बोलियों में इस तरह की अनेक क्रियाएँ देखने को मिलती हैं, जैसे—

लात, लाठी, जूता, हाथ, वात, नाक, गर्म, सर्दी।

लात— लतयाय दओ।
लाठी— बाने बाये लठआय दओ।
जूता— बाये बिना बाये जुतआय दओ।
हाथ— बाये तो बाने हथआय लओ।
बात— बू बतआय रहो।
गर्म— गर्माय गओ।
सर्दी— रामू सद्दआय गओ।
ठन्ड— बा ठन्डाय गई।
शर्म— बा सर्माय गई।

पुनरुक्ति क्रियाएँ

कुछ क्रियाएँ दो समानार्थक, विपरीतार्थक क्रियाओं के संयोग से बनती हैं। इस तरह की पुनरुक्त क्रियाएँ इटावा की बोलियों में यत्र-तत्र मिलती हैं—

समझ-बूझ के करो करै।
देखे-भाल कें चलू करै।
खाना-पीना खाय आये।
उठबो-बेठबो होत है।
आना-जाना जारी है।
लड़बो-झिगड़बो ठीक नाईं।
आओ-जाओ नाईं कत्त।

अनेकार्थक क्रियाएँ

इटावा की बोली में कुछ क्रियाएँ हिंदी की शेष बोलियों की तरह ही अनेकार्थक हैं। इस तरह की क्रियाओं में खाना, आना, लगना, लगाना, चलना, चलाना, मिलना, दौड़ना आदि क्रियाओं के स्थानीय रूप उल्लेखनीय हैं—

खाना— रोटी खाय कें जइयो।
जूता खाय लये।
हवा खाय रये।

सिर काये खात।
पैसा खाय गओ।
सबई कमाई खाय गओ।
कसम खाय गओ।
लगत घी खात है।
ठन्ड खाय गओ।

लगना— बुरो लगत है।
मीठो लगत है।
घामो लगत।
रोप लग रओ।
लोंड़ा कों नजर लग गई।
घात लग्गई।

चलना— हुआँ चलनो नींको है।
हवा चलन लगी।
काम चल जाए।
बासे लड़ाई चलत है।

मिलना— का मिल गओ।
बत्ती मिलाय देव।
गैया मिलाय (दोहन) लई।

इटावा की बोलियों में क्रिया के कर्तृ वाच्य और कर्म वाच्य की तुलना में कर्म वाच्य के रूप कम संख्या में मिलते हैं—

कृर्त वाच्य— मोंड़ा पेड़ पै चढ़ गओ।
कर्म वाच्य— रोटी करी कैसें जाय।

इटावा की बोलियों में प्रश्नवाचक के रूप में क्रियाओं के स्वर को ऊँचा करके बोलते हैं, जैसे—

छज्जैओ?
पढ़ियो?
कद्दिओ?

इटावा जिले की बोली के क्रिया रूपों की रूप रचना भाषाई दृष्टि से परंपरागत होते हुए भी बहुत विशिष्ट है तथा उसके क्रिया रूपों के स्वतंत्र अध्ययन की भी आवश्यकता है।

□

अध्याय-दशम

इटावा जनपद की सीमावर्ती बोलियों में अव्यय का अध्ययन

इटावा जनपद की सीमावर्ती बोलियों में अव्यय का भाषा वैज्ञानिक अध्ययन

अव्यय

अव्यय उन अविकारी शब्दों को कहते हैं, जो सभी लिंगों, सभी वचनों, सभी पुरुषों और सभी कालों में एक जैसे बने रहते हैं तथा उनके रूप में कोई परिवर्तन नहीं होता है। इन अव्ययों में क्रिया-विशेषण, समुच्चयबोधक, विस्मयादिबोधक, सकारात्मक एवं नकारात्मक शब्द, परसर्गीय शब्दावली तथा निपात जैसे शब्द सम्मिलित हैं। इटावा की बोलियों में अव्ययों के प्रयोग मानक हिंदी में प्रयुक्त अव्ययों की भाँति होते हैं, किंतु स्थानीय प्रभाव एवं आँचलिक विशेषताओं के कारण अव्ययों के ये रूप बदलते भी रहे हैं। व्यंजनात एवं अनुनासिक्य प्रधान क्रिया-विशेषण इटावा की बोलियों में पर्याप्त मात्रा में पाए जाते हैं। ध्वन्यात्मक परिवर्तन के कारण खड़ी बोली हिंदी के अनेक अव्यय इटावा की बोलियों में तद्‌भव रूप में प्रकट हुए हैं। संपूर्ण जनपद की बोलियों में उपलब्ध अव्यय का स्वरूप इस प्रकार है—

(1) क्रिया-विशेषण

जिस अव्यय से क्रिया की कोई विशेषता जानी जाती है उसे 'क्रिया-विशेषण' कहते हैं। इटावा की बोलियों में क्रिया-विशेषण के अध्ययन की दृष्टि से उसें कई वर्गों में वर्गीकृत किया जा सकता है—

(अ) काल वाचक

इटावा की बोलियों में कालवाचक क्रिया-विशेषण में जब, तब, अभईं, तभईं, आसों, महीनन, अबे, आज, कल्य, परों, नरों, बेर-बेर, रोज-रोज, सालन, दिनभर, अभहाल, फिर, हालई, बदिना आदि कालवाचक शब्द प्रयुक्त होते हैं—

बू कल्लई चलो गओ।
तुम तभईं जैव जब बू आय जैय।
परों भर्थना के बजारे चलयें।
नेक रुकिओ हालईं आय रये।

(ब) स्थान वाचक

स्थानवाचक क्रिया-विशेषण में हियाँ, हुआँ, नगीच, हिंअन, हुअंन, ढिंगा, बाइर, हीं, हुईं, ऊपर, जाओरी, बाओरी, नीचे आदि शब्द बोलियों में मिलते हैं।

जू हियाँ का कररओ।
हुअंन ते कोई आउई नाईं।
नीचे ते किताब उठायें लेंहें अइओ।

(स) निषेध वाचक

निषेधवाचक क्रिया-विशेषण में नंआँ, नाँएं, हआँ, नईं, नाईं, मती आदि।

हम कऊँ नईं जात। (विधूना)
हम कहूँ नईं जात। (सदर तहसील)
हुआँ मती जइओ।
तूँ पढ़त तो—नँआँ।

इटावा में सर्वाधिक हआँ, नँआँ निषेधवाचक क्रिया-विशेषण में चलता है। (आज्ञार्थ) क्रिया-विशेषण में नाईं, बिनां, बिगेर, नईं प्रयुक्त होते हैं—

बिनां हमये पूँछें नईं जैव।
बिगेर काम के नईं जैव।

(द) परिणाम वाचक

इसमें क्रिया की मात्रा का बोध होता है। कुछ, कुछु, जादां, जेदां, खूब, थोरो, बस्य, जरा, काफी, बोत, नेक, इत्तो, उत्तो, ठीक, जित्तो, तित्तो, निरी आदि इटावा की बोलियों में प्रयुक्त हैं।

बू कुछु बन्त तो।
बे जादां हसत ते।

नेंक काम कद्दिओ।
बू इत्तोई खाय सकत।
जरा बात सुन्लेव।

(ध) प्रश्न वाचक

इसमें कैसे, कैसी, कैसो, का, को, काये आदि प्रयुक्त होते हैं—

कैसी तूँ चल्दओ।
काये कों आओ हतो?
का काम कन्ने हैं?
कित्तो काम है?
किन्ते कई?

(न) रीति वाचक

ऐसो, वेसो, वैसो, जैसो, एसोई, उसोई, बेसोई, धीरे, आपईआप, झटपट, सई, बेसक, सचकऊँ, जरूर, हओ, सच्ची, ठीक, ऊसें, बांसे, जिन, कउ, आहाँ। जैसे—झट-पट, धीरे-धीरे, जाड़-पाड़ आदि।

बू अपईं आप उठ आओ।
रामू झट्टपट्ट उठ बैठो।
बू पाड़ से गिरगओ।
ओने जाड़ सै थप्पड़ दई।

(य) परिणाम दर्शक

सार्वजनिक विशेषण तोऊ, कित्तो, जित्तो क्रिया के पूर्व व्यवहृत होकर क्रिया का परिणाम बताते हैं—

बू जित्तो पढ़ सकत तो पढ़ो।
ओ पै जित्तो बनी उत्तो दओ।
बू आय सकत तो तोऊ नाईं आओ।

(क) कारण वाचक

काये-शब्द मिलता है—

काये तूँ रोत।
काये पढ़त।
काये की सरमिमयात।

(ब) दिशा वाचक

या लन्ग, बा लन्ग, इयें, उयें, किते बोलियों में प्रचलित हैं—

जा लँग लोंड़ा पढ़त हुइये।
ई छोर आये जाव।
बालँग मयें निकर जाऊ।

(2) समुच्चयबोधक

समुच्चयबोधक अपव्यय एक वाक्य को दूसरे वाक्य से जोड़ते हैं अथवा एक पद को दूसरे पद से मिलाते हैं। अध्ययन की दृष्टि से समुच्चयबोधक को निम्न वर्गों में विभक्त किया जा सकता है—

(अ) संयोजक

उर, औरु, औ, ते, सों, जौ आदि शब्द मिलते हैं—

राम उर श्याम जात ते।
तुम उर रामू का कत्त हते।
मेरी किताब उर कांपी लेहें अइओ।
राम सों बाकी लिड़ाई हुय गई।

(ब) परिणाम दर्शक

इसमें तासों और जासों बोलियों में मिलते हैं—

बू पढ़त हतो तासों नाईं आओ।
बापे काम हतो जासों गओ।

(स) स्वरूप वाचक

मानौं, तो आदि शब्द मिलते हैं—

बू तो ऐसें बोल्त तो मानो कलट्टर।
बू लौंड़ा ऐसें बोल्त तो कै हमाओ लरका।
पेड़न तेय-कै बू हुयये नाईं तो हमईं जात।

(द) विभाजक

सो, कै, चायें, अकिलें आदि शब्द प्रयुक्त होते हैं—

चायें पढ़ू चायें लिखू।
के-तो रामू हुयै नाईं तो श्याम हुयै।
हमाओ तो मन है अकिलें बू जान नाईं देत।

(ध) विरोध दर्शक

इसमें अकिलें, लिकिन आदि शब्द प्रयुक्त होते हैं—

बू आओ तो हतो अकिलें नाईं कद्दई।
बू गओ तो हतो लिकिन लौट आओ।

(न) उद्देश्य वाचक

इसमें तोऊ, जासों, तासों, तासे आदि शब्द प्रयुक्त होते हैं—

बू पढ़त तो है जासों पास हुय जात।
लोड़ा हिंया तक आओ तोऊ रुपया नाईं मिले (दये)।
खेती मैं मेन्त कत्त तासे नांज हुय जाय।

(प) संभावना वाचक

इसमें तौ, जो, अगर आदि शब्द प्रयुक्त होते हैं—

अगर मोंका मिलो तो सत्तियाँ अययें।
जो ठीक हुय गओ तो स्कूल भेद्दियें।

(3) विस्मयादिबोधक अव्यय

जनपद की बोलियों में आश्चर्य, अनादर, हर्ष, शोक, संबोधन, स्वीकृति, अस्वीकृति आदि मनोदशाओं का अभिव्यक्ति स्वरूप मिलता है—

1. **आश्चर्य—** अरे, इये, ओहो, ऐं, एसो।
2. **शोक—** अहा, सव्बास, बाअ, बाभई, बढ़िया।
3. **शोक—** हाये, राम-राम, अरे मइया, अरी अम्मा, दइयारे, मर गये, माड्डारो, बुरो भओ।
4. **अनादर—** भग, बेसरम, जा हियां तै, चल हरामी।
5. **स्वीकृति—** हाँ, हओ, अहाँ, ठीक, हाओ।
6. **अस्वीकृति—** नआँ, नाईं, नईं, उहुँ।
7. **अनुमोदन—** अच्छो, ठीक, हाओ, हओ।
8. **संबोधन—** रे, अरे, उरे, इरे, अरी।

बा सब्बास पास हुय गओ।
अरे राम-राम बौत बुरो भओ।
ऐं तुम आये रये।
उरे लोंड़ा हियाँ आऊ।
ऐरे लोंड़ा सुन्त काये नाईं।
अरे भई मेरिऊ सुनो।

(4) सकारात्मक तथा नकारात्मक

इन अव्ययों में सहमति और असहमति का बोध होता है। जैसे—हाँ, हओ, हाओ, हआँ, नाईं, ऐं तथा नआँ आदि के साथ बोलियों में प्रयुक्त है—

तुम हुय आये? हाओ। (भरथना तहसील)

तुम पढ़ आये? हओ। (पारपट्टी)

तूँ हुआँ गओ तो? नआँ।

तूँ किताब पढ़ आओ? हआँ।

इटावा जनपद की बोलियों में सकारात्मक अव्यय में 'हाओ' तथा 'हओ' सर्वाधिक प्रयुक्त हैं। इसी प्रकार नकारात्मक अव्ययों में 'हआँ' तथा 'नआँ' मुख्यतयः हैं—

निपात

जिनका कोई अर्थ नहीं होता है, उन्हें 'निपात' कहते हैं—

ई (ही)— प्रशातई के ढ़िंगा धरो।

ऊ (भी)— हरी मोहनऊँ नाईं गओ।

ऊँ (भी)— तूँऊँ गओ हतो। (तूँ भी गया था)

हमऊँ लिबाये जइयै। (हमको भी ले जाना)

ऊ (तक)— तूँने किताबऊ नांईं पढ़ पाई।

तूँ लिखऊ नाईं पात।

सिरप— सिरप इत्ती बता बू गओ काँ।

सो (से)— बाके लोंड़ा सो पढू करै। (सदर तहसील)

लौ (तक)— मोये बू हुंआँ लौ ले गओ।

बाये पांइन लौ मारो।

बू तो डन्न के मारें खेतन लौ भाजो।

इटावा जिले के प्रयुक्त अव्यय अधिकतर खड़ी बोली मानक हिंदी एवं ब्रजभाषा से मिलते-जुलते हैं, किंतु उनके उच्चारण जनपद की सीमाओं के क्षेत्रीय प्रभाव से प्रभावित हैं। परिणामस्वरूप देखने में वे शेष हिंदी अव्ययों से भिन्न प्रतीत होते हैं।

□

अध्याय-एकादश

इटावा जनपद की सीमावर्ती बोलियों में वाक्य-रचना वाक्यों में शब्दों का क्रम

इटावा जनपद की बोलियों में वाक्य-रचना

वाक्य-रचना

भाषा में पूर्ण अर्थ की प्रतीति कराने वाले शब्द-समूह को 'वाक्य' कहा जाता है। दूसरे शब्दों में, वह अर्थवान ध्वनि समुदाय, जो पूरी बात या भाव की तुलना में अपूर्ण होते हुए भी अपने आप में पूर्ण हो तथा जिसमें प्रत्यक्ष या परोक्ष रूप से क्रिया का भाव हो, 'वाक्य' कहा जाता है। इटावा की बोलियों में वाक्यों का गठन हिंदी की शेष बोलियों की तरह होते हुए भी कुछ अर्थों में भिन्न है। शब्दों के क्रम-निर्धारण में ही उसमें पर्याप्त अंतर है।

वाक्यों में शब्दों का क्रम

इटावा की बोलियों में प्रयुक्त वाक्यों में शब्दों का क्रम निश्चित नहीं है। सामान्यतया पहले कर्ता, फिर कर्म तथा अंत में क्रिया प्रयोग वाक्यों में किया जाता है। किंतु स्वराघात के कारण कभी-कभी वाक्य के पद-क्रम बदल जाते हैं। उदाहणार्थ—

लोंड़ा नदी गओ है।

यदि इस वाक्य में जाने पर बल दिया जाता है तो शब्द-क्रम इस प्रकार होगा—

नद्‌दी लोंड़ा गओ है।

इसी वाक्य में नदी का विशेष महत्त्व होगा तो वाक्य की रचना इस प्रकार की जाएगी—

नद्‌दी गओ है लोंड़ा।

कहीं-कहीं वाक्यों में शब्दों का क्रम बिलकुल क्रम रहित होता है जैसे—

खेलत जात हतो बू सोई कीरा रत्ता में मिल गओ उर खाय लओ बाने।

कहीं-कहीं वाक्यों में दोहरी क्रियाएँ मिलती हैं और उनके शब्द-क्रम भी बदले रहते हैं—हुआँ ते आओ इक दुय दिनां में चलो जयै। लिखत पढ़त हुइये लोड़ा।

लिखत पढ़त हुइये लोंड़ा।

वाक्यों के प्रकार

इटावा जनपद के वाक्यों को मुख्य रूप से तीन वर्गों में वर्गीकृत किया जा सकता है—

(1) साधारण वाक्य

(2) प्रश्नवाचक वाक्य

(3) नकारात्मक वाक्य

(1) साधारण वाक्य

साधारण वाक्य में कर्ता, कर्म और क्रिया का व्यवस्थित क्रम बना रहता है। संयुक्त, मिश्रित और सरल वाक्य इन्हीं साधारण वाक्य की कोटि में प्रयुक्त होते हैं।

(2) प्रश्नवाचक वाक्य

प्रश्नवाचक वाक्यों में काये, को, काँ, का, कबे आदि सर्वनामों का प्रयोग किया जाता है—

काये काँ जात?
का लाये?
काँ गये ते?
काँ ते आये?
किन्ते काम है?
का लिऔ? बाये किन्ने मारों?
कीकी मोड़ी रोत? (कानपुर सीमा)
को आओ?

(3) नकारात्मक वाक्य

नकारात्मक वाक्यों में निषेधसूचक नईं, मत, मती, न, नाईं आदि का प्रयोग किया जाता है। कहीं-कहीं प्रश्नवाचक वाक्य भी देखने को मिलते हैं—

हुआ नई जात।
बजारे मती जइयो।
तुम न जइओ।

तूँ कऊँ न जायओ। (भिंड सीमा)
हम कऊँ नई जययें। (मैनपुरी सीमा)
मरबिन ते को नाईं डत्त।
अपओं गाँव किने नाईं अच्छो लगत।

इटावा की बोलियों में कहीं-कहीं एक शब्दीय वाक्यों की योजना भी देखने को मिलती है, जैसे—

जात्तो— (क्या वह जा रहा था)?
जात्ते— (क्या वे जा रहे थे)?
जयऔ— (क्या तुम जाओगे)?
खयऔ— (क्या तुम खाओगे)?
अयऔ— (क्या तुम आओगे)?

पादपूरक

जनपद में कुछ व्यक्तियों के मुँह से पादपूरकों या तकिया-कलामों के विचित्र प्रयोग मिलते हैं, जैसे—

जो है, सो, वात जे है।
एसो, जोहे, सो, भेंचों भी प्रयुक्त करते हैं।

इटावा जनपद की सीमावर्ती बोलियों में मुहावरे तथा कहावतें

इटावा जिले की बोली में अन्य हिंदी भाषी क्षेत्रों की भाँति मुहावरे तथा कहावतें बहुत पुराने समय से व्यवहृत हैं। बोलचाल की भाषा में बीच-बीच में मुहावरों तथा कहावतों से बातचीत में एक अनोखा एवं प्रभावी स्वरूप विकसित होता है। कुछ कहावतें तथा मुहावरे ऐसे हैं, जो स्थानीय हैं एवं कुछ आम भाषा में प्रयुक्त होते हैं। स्थानीय मुहावरों का बातचीत में महत्त्वपूर्ण स्थान है, जिससे लोगों को प्रेरणा के साथ-साथ समझदारी का भाव उत्पन्न होता है—

मुहावरे–

चूमिं तो आय जइयो – (गर्ज परे तो आ जाना)
गोड़े खंगाय गओ – (किसी स्थान पर अधिक रुकने पर)
तूनें बड़ो गढ़ टोल्लओ – (किसी छोटे काम को कर लेने पर)
बड़ो हिजगरो – (किसी का अधिक प्रिय)
मुहरा डॉट लऔ – (बहुत हिम्मत से सामना करना)
नेंक में भोंयें ऐंठजात – (थोड़ी बात में नाराज होना)
बिझरा तुलान नाईं जेयें– (कुछ भी तुमसे गर्ज नहीं है)
मूसर ले ले – (कुछ न देने पर)
सतर हुयगओ – (लड़ने को तैयार)
होत कत्त में – (धीरे-धीरे—कहानी में प्रयुक्त होता है)
लप्सी धरी सो खाय लेव – (कुछ खाने के न होने पर)
हम्का भैंसा हैं – (अधिक परिश्रम करवाने पर)
उल्लू सीदो कन्ने – (तुमें तो अपओं काम करवाना है)
आटा-दार को पता पज्जाय – (विआव होन्तो देव, आटा-दार का पता पर जाय)
आँखिन में धूल झोंकत – (बेवकूफ बनाना)
अपयें पाँव कुल्हारी मान्ना – (अपयें आप अपना नुकसान करना)
एकई लाठी ते हाँकना – (सभी को एक समान समझना)
एक हांत ते कबऊँ ताली नाईं बजत – (लड़ाई कभी एक तरफ से नहीं होती है)
काठ की हड़िया एकई दाय चढ़त– (चार सौ बीसी एक ही बार चलती है)
कलई खुल गई – (गुप्त बात का पता चलना)
चाँदी काटत हो – (आराम से पैदा कर रहे हो)
पुरी का जबाव गुना तें दियें – (ठीक से बदला लेना)
चैन की वंशी बजाव – (आराम से जिंदगी जीना)
जियत मांछी लीलिबो – (जान-बूझकर बड़ी गलती करना)
ढाँक के तीनई पात – (क्षमता से अधिक नहीं)
ठोंक बजाय के लेव – (जानकारी करके खरीदना)
तू-तू मैं-मैं हुय गई – (आपस में नाराजगी)
थूक के चाट लेव – (कही हुई बात को बदलना)
दाल नाईं गलये – (तुम्हारी चतुराई यहाँ नहीं चलेगी)

पसीने की कमाई	– (मेहनत का पैसा)
फूटी आँखी नाईं सुहात	– (किसी को किसी स्थिति में स्वीकार न करना)
फूँक-फूँक कैं पाँय धत्त	– (सोच-विचार कर कार्य करना)
फूलई सूँघत	–
भींगी बिल्ली	– (डर से सिकुड़ जाना)
रूई सो धुन दओ	– (बहुत पीटना)
सीदीं उँगिरिया घी नाईं निकत्त	– (सिधाई से कोई नहीं मानता)
हात वीरे कद्दें	– (लड़की का विवाह कर दें)
दो टूंक कैंना	– (साफ-साफ कहना)
धुतिया ढीली हुय गई	– (डर गया)
पत्थर की लकीर	– (न टलने वाली बात)
पानी में रहकें मगर ते बैर	– (जिसकी शरण में हो, उसी से लड़ाई)
खाय खसम को गाये भइया को	– (खर्च अपना करना, नाम भाई का लेना)

कहावतें–

पत्थर ते ईंट गुलगुली होत	– (डकैतों से चोर भले)
लाठिनते पनईं नीकी	– (कम नुकसान के लिए)
अकेलो चना भार नाईं फोन्त	– (बड़े काम को अकेले नहीं किया जा सकता)
आगे नाथ न पीछे पगाह	– (कोई जिम्मेदारी न होना)
आम के आम गुठलियन के दाम	– (एक साथ दो लाभ)
गेहूँ के साथ घुंनऊ पिसत	– (बड़े के साथ छोटा भी नहीं बचता)
बिलैया के भाग्गन सींको टूट गओ	– (किसी को न मिलने वाली वस्तु अचानक प्राप्त हो जाना)
भूंजी भाँगऊ नाईं	– (उसके घर पर खाने को कुछ भी नहीं)
लगे हांतन	– (काम को समाप्त करके ही रुकना)
एक तो करूओ दूजें नीम पै पोंडो	– (एक तो अवगुण है ही, दूसरे को निमंत्रण देना)
खरी मंजूरी चोखो काम	– (अधिक परिश्रम और अधिक (तुरंत) पैसा)
चार दिनां की चाँदनी	– (अच्छे समय को बरबाद करना)
जा पतरी में खात बाई में छेद कत्त	– (जिसके पास रही उसी को धोखा देना)

दूद को बरो भओ मठा फूँक-फूँक पियत	– (एक बार धोखा खाने के बाद हमेशा सावधान रहना)
नाम तख्त सिंह घर में नाईं पटुलियऊ	– (नाम बड़े दर्शन छोटे)
कहें धोबी गद्धा पै नांईं बैठये	– (कहने पर काम को नहीं करना, अपने आप उसी काम को करना)
मुर्गिया जान ते गई तोऊ मंझा नाईं	– (सारा पैसा खर्च होने पर भी आनंद की अनुभूति न करना)
नाऊते सला नाईं बार भिंजोएँ फिन्ति	– (बिना मालिक के काम करना)
तुम बड़ी दूला की मोंसी वंत	– (बिना संबंध के संबंध जैसा व्यवहार करना)
कहदेव तो मोसी को काजर	– (सही बात न सुनने की आदत)
हमाये लोंड़ा कौ विआव नहियैं	– (किसी को मनाने न जाना)
खाये निमौरी बतावे आम	– (कीमती चीज न खाने पर कीमती बताना)
छोटे मों बड़ी बातें	– (आवश्यकता से अधिक छोटे को बोलने पर)
कमजोर मेअरिया पूरे गाँव की सराज	– (कमजोरी पर सभी सताते हैं)
देत तब छप्पर फार यों देत	– (ईश्वर की जब इच्छा होती है तो हर जगह मिल जाता है)
रोटी बरी तो सिकी खूब	– (एक धोखा खाने पर हमेशा के लिए सतर्क होना)
खुर-खुर काटें	– (किसी कार्य को करने के लिए कठिनता से उपलब्ध होने वाली सामग्री)
पैर उन्तेई फैलाव जित्ती लंबी कमरिआ	– (अपनी क्षमता के अनुसार कार्य करना)
घर खीर तो बाहर खीर	– (अपने घर अच्छा तो सभी के घर अच्छा)
लातन की देवी बातिन ते नाईं मान्त	– (जो जैसा हो, उससे वैसा ही व्यवहार करना चाहिए)
दै कें आग महादेव दूर भये	– (लड़ाई करवाकर उससे संबंध न रखना)

चिलनियाँ में दूद दूंना – (अपना दोष दूसरे पर थोपना)
लात मारो पानी निकरे – (परिश्रम करो तो फल तुरंत मिलता है)
उखारी को गन्ना – (अनेक सुंदर वस्तुओं में एक को चुनने की समस्या)

इटावा जनपद की सीमावर्ती बोलियों में सौगंध सूचक शब्दों का प्रयोग

इटावा जनपद की बोलियों में आपसी बातचीत के मध्य में सौगंध खाने का स्वभाव सा है। ग्रामीण क्षेत्रों में अब भी किसी को विश्वास दिलाने के लिए शपथ का प्रयोग होता है। इटावा की बोलियों में प्रचलित सौगंधों में—तेई सों, तेरी कसम (किसम), अपयीं सों, अम्मा–भइया–दद्दा की कसम, गंगा, जमुना तथा सिघरकी (पूरे घर की) तथा बहुत बड़े अविश्वास को विश्वास में बदलने के लिए 'बच्चा' की भी कसम खाते हैं। गाँव में किसी की चोरी होने पर शंका वाले लोगों से सौगंध खिलाकर शंका समाप्त करते हैं।

इटावा की बोलियों में तेई सों, तेरी कसम बिना आवश्यकता के सामान्य वार्त्तालाप में प्रयुक्त करते हैं। इटावा में तेई सों सर्वाधिक प्रयुक्त होती है-

तेई सों गये ते।
तेई सों हम्रे कछु नाईं खाओ।
भइया की किसम हम्नें तो छुओऊ नाईं।
गंगा घाईं हांत कन्त हम नाई दुगाओ (छिपाना)।
तुमें अम्मा किसम है। सई बतयओ।
सिघरई हम नाईं चुराओ।
महिलायें अधिकतर अम्मईं की सौगंध खाती हैं-
भैअई की सौगंध खाती हैं।
महिलाएँ कहीं-कहीं माँ तथा भाई की सौगंध इस रूप में खाती हैं-
अम्मइं कसम हमने कछू नाईं करो।
भैअऊ कसम हमने कछू नाईं खावो।

□

अध्याय-द्वादश

परिशिष्ट

इटावा जनपद की सीमावर्ती बोलियों के चुने हुए नमूने

जालौन एवं भिंड सीमा

इक राजा हते। उन्को किला डरो हतो। बा किला के पिछुआरे इक कोरी औ कोरिन राहत तीं। इक दिना कोरी औ कोरिन आपुस में बात कन्न लगे तो कोरी बोलो, ''सुनो कोरिन, हम तुमें दुय कोड़ी की बात बताएँ।'' कोरिन ने कहई बताओ। कोरी ने कहई अपई अमानत काऊ के घर धर देव तो दुय कोड़ी की बात। अपईं औरत माइकें रखबो दुय कोड़ी की बात। नोंकर की नोंहकरी कनया दुय कोड़ी की बात। जे सिब बातें राजा साब सुन्त हते। रानी गईं ती मायकें। राजा ने कहई जा भैन्चो कुरिआ ने जा का कह दई। सबेरें ई कोरी कों बुलबाओ कोरी ते कहई—''काये रे कुरिआ का काहत तो रात कैं'' कोरी ने कहई कि कछु नाईं। तें तो जा काहत तो रातें कै अपईं ओत्त मायकें राखे दुय कोड़ी की बात, बिननें कहई हम परिक्ष्या लें हैं, अगर साँची निकरी तो ठीक बात, झूंटी निकरी तो सारे धत्ती में गहड़बाये देंहें उर कुत्तन कों ढिलबाय देंहें। तब राजा फटे उढ़ना और चास्से रुपिया लैकें चल्देत। चल्त-चल्त अपईं सुसुरारै पौंच गए। बिन्नैं ऊही कै जा बात और कोरी ने कई तीकै नौकर की नौकरी करिबो दुय कौड़ी की बात। तौ बो बजीर के हिंया नौकरी कन्न लगे। उन्हें एक फटी रजाई चिथरी बामें में तो पहालऊ नाईं। एक दिना बजीर उर राजा शिकार कों गए। राजा बजीर के पलंगा पै सोय गओ, बजीर आहें तौले हमऊँ पल्लैं जा सोची। बजीर और राजा की रानी ते कंछू गल्त विवहार हतो। तौलें रानी साब आय गईं। सो बिन्नैं देखो बजीर को नौकर है। रानी रूठोनियाँ महिल में पर रईं। राजा ने कई काये कों रूठीं, रानी ने कही कि बजीर के नौकर कों फाँसी लगवाय देव, तो बात नहीं खोलयें। जल्लाद लै गए बिन्नै कहीं जल्लाद भइया हमें बचाय देव,

हम तुम्हें दुय सौ रुपया दिएँ। जल्लादन नें छोड़ दओ, नैन करेजो बुकरा को काढ़ कै रानीं के अगाऊँ डाद्दओ।

दूसरे दिना ससुरारे पौंचे। बड़ों सम्मान दओ। राजा ने कयी बिदां कद्देउ। राजा ने कहई कि हमें भटियारी और मंत्री दे देउ। दोनों तिआर हो गए। घर पे आय कें कौंदों खुदवाय के भाला गड़वाये और 6 कुस्सियाँ डरवाईं। एक-एक पै राजा-रानी और कोरी-कोरिन तथा एक-एक पै भटियारिन एवं बजीर बैठ गए। राजा ने भटियारी, मंत्री औ रानी तीनऊँ के एकेक लात मार कैं खाई में डाद्दओ। कोरी कोन्न के पांय छुये, उन्हीं को राजा रानी बनाय दओ।

—महावीर सिंह यादव (60 वर्ष)

कालेश्वर की गढ़िया, जस्तौन भिंड सीमा

मौंसी के ललन पिआरे, भइया लखन होस लाओ।
आजु संकट में धीरज बँधाओ।
तजी अबध संग बन में सिधाये, बोल्ओ तब क्या वचन ते उचारे।
तज अवध बन में सिधाये, बोल्ओ तब क्या वचन ते उचारे।
दु:ख सुख दोनों सहे, संग राजन रहे,
जान जाए—
आज संकट में धीरज बँधाओ।
मोसी के ललन पिआरे भइया लखन होस लाओ। आज···
बाँह तुम बिन हैय म्हारी टूटी।
पियारी सीता असुर घर में छूटी।
कर-कर रुधन रघुवर भइया आओ।
बिन तुमारे प्रभु है दु:खारी
नीर रघुवर कें नयनों से जारीं।
भइया संसार में, नइया मझधार में
मत डुबाओ — नइया धीरे से पार लगाओ
मौंसी के ललन पिआरे, भइया लखन होस लालो।
आजु संकट में धीरज बंधाओ।

—महिला गीत

आगरा भिंड जिले की सीमा

इक कछुआ, उर इक सरसा, उर एक सरसिया हते। उन दोंनन में बड़ी सला हती। इक दिन कछुआ बोलो कै चलो भइया, नदी के बालंग बा गाँव में चलियें। सरसा ने कहई कै अरे कछुआ भइया बीच में नदी पत्त बाकी कैसें पार कर पयौं। कहई के हम्तो उड़ के निक्कजैं तुम हीं रे जैव। कछुआ ने कहई कै नदी तो हम पार कल्लियें अकिलें, हुआं तक जैबिन में गाँउन के लरका परेशान करयैं। सरसा बोली तो का करें भइया? कछुआ ने कहई कै इस मिरे धान में जुगाड़ आए गई। सरसा बोली—"कौंसी जुगाड़ है हमऊँ बता। कछुआ ने कई कैं तुम उर सरसिया एक लंबी लकड़िया की मुँह ते दबाय कैं उड़ियो हम बा लकड़िया की बीच में मुँह ते पक्कलियें।" सारस ने कहई के जा बात बढ़िया बताई। अकिलें तुम लकरिया कों छुड़ियो कतईं ना नाईं तो तुम साप मर जैंव। कछुआं ने कहईं हम भइया कतईं नाईं छुड़ियें चायें भलें मज्जाएँ। सरसा ने सरसिया कों टेर कें सबई बात बताई। सरसिया ने कई कै जू काम नींको नहीं हैं। जामें तो बीत खतरा है। कछुआ नें कहई तुम कतईं चिंता न करो, हम हुशियारी ते चलयें। सिरसा ने कहई तुम रत्ता में कतईं बुलिओ नाईं चायें कछु हुय जाए। अगर तुम बोले तो सापई मज्जौव कोई नाईं बचाये पै। सरसा कउँ ते इक लंबी लकड़िया ले कें आओ तो कछुआ ने बीच में लकड़िया कों खूब कस्कें पक्कलओ। इक ओंरी सरसा ने उर इक ओरी सरसिया ने लकड़िया कों पकरो। सरसा सरसिया दोनों उड़ गए। बीच में कछुआ लकड़िया कों मुँह ते मसक्कें पकरें रहौ। रत्ता में इक गाँव के ऊफ्तै मयें निकर रये ते तोले लरकन ने देख लओ। लरका डिलें फेंकन लगें, सोई कछुआ कहबें को चलो कै सरसा भइया जे लरका नाईं मान्त सोई कछुआ का मौंह खुल गओ, सोईं धत्ती में गिर परो।

—राममोपाल
ग्राम-नगरिया सरावा,
भरथना तहसील

इक राजा हते उर इक रानी हतीं। उनके इक लरका हतो। लिल्ला ने कहई अम्मा हो हम्यें पिचकियाँ कद्देव। अम्मा ने कहई हाओ लल्ला कद्दिये। अम्मा ने पिचइकयाँ बनाईं, लल्ला ने पिचइकयाँ खाय लईं इक पिचकिया रह गई। लरका आय कें बोली अम्मा हमें पिचइकयाँ देव। अम्मा ने दै दई। बाने पिचकियाँ घूरे में गाड़ दई ओ कहई कल्य न जमीं तो माड डारें तोले इक डुकरिया आई। कहई लिल्ला इक पिचकिया हमऊँ दे देव। कहई नाईं दियें। डुकरिया ने कहई ओली में डाद्दे कहई नाईं डरयें तो डुकरिया ने कहई ऊतर तो देव आये ढिंगा। लरका ढिंगा गयओ, डुकरिया ने पकल्लओ ओ झुरिया में डाल्लओ। डुकरिया अपयें घरे लेह जाय। रत्ता में लरका कों मुतास लगी सो लरका तो गओ भाज

चर-पाँच इंटियाँ झुरिया में धर दई। डुकरिया दूसरे दिनां फिर पोंची। कहई लिल्ला पिचकिया दे देव—कहई नईं दिए, कहई ओली में डादि्दयें, कहई उलआय जेंहे। लरका पेड़ें पै चढ़ो हतो। कहई धत्ती में डाद्‌दयें तो धत्ताय जेंये। डुकरिया ने कहई लिल्ला उतर के देव आये जे साई बू आओ डुकरिया ने पकल्लओ ओ घरे ले गई। डुकरिया ने कहई लेव बहू सालन बनाऊ। वऊ ने कहई लिल्ला तुमाये बार इत्ते बड़े कैसें हुय गए। कहईं हमाईं अम्मा ने उखरी में डार कें कूट दओ सोई बार बढ़ गए। वऊ ने कहई लिल्ला हमायेऊ बढ़ाय देव, सोई लरका ने उखरी में डारकें वऊ को माड डारो उर घर भज याओ।

—**शिववीर सिंह** (उम्र 18 वर्ष)
आगरा सीमा

लागौ धियान तौ सुमिरौ बारे हनुमंत कों।
चित्तो चरनन लागो धियान तो सुमिरो हनुमत।
चिंता पूजा करै उर लंगुर वारी धूप कों।
हांत जोरि बिन्ती करें देखौ मांथे तिलक सन्दूर।
तौ सुमिरौ बारे हनुमत कों।
चित्तो चरनन लागो धियान तौ सुमिरौ हनुमंत कों।
घाट-घाट लच्छमन ने घेरो-औघट राजाराम।
दरबाजो अंगद ने घेरो, लंका में कूदे हनुमान।
तौ सुमिरौ बारो हनुमंत कों।
चिंतो चरनन लागो धियान, तौ सुमिरौ हनुमंत कों।
लंका मार गमागम बीते, तुरतईं उड़े उसमान।
लंका में कूद हनुमान तौ···
हार गए लंका के राजा, तौ जीते अवध भगवान्।
चित्तो चरनन लगो धियान, तौ सुमिरौ हनुमंत कों।
काहत कबीर सुनी भई सादू हर चरनन कों।
चित्तो चरनन लागो धियान तो सुमिरौ हनुमंत कों।
इन चरनन से तरीं अहेल्य, इन्हीं से लागौ धियान तो सुमिरौ हनुमंत को।
चित्तो चरनन लागो धियान तो सुमिरौ हनुमंत कों।

—**महिला गीत**
मध्य प्रदेश की सीमा

दुय भइया हते। इक को नांव हतो ललमैन, एक को हतो जलमैन। इक दफे इलाबाद कुम्बी परी तो छोटी भइया बोली के भइया ऐसे करो कै चलो दोउ जनें कुम्बी हनाय अंइयें। बड़ो बोल्ओ चलौ लिल्ला का बडी बात। दोउ जनें न्यारे रातन्ते। धत्ते चल भये तो रत्ता में निकर कें छोटी भइया बोलो कछु खाय पीय लयें। बड़े ने कई चलो लिल्ला खाइ लै। कुआ पै पौचें तौ वो बोलो निकाल्लेव। दोनों पुटरियाँ काये को छुरियौ एक छोल्लेउ ओ छोटी बोलो जा बाठ्ठीक है। बड़े भइया ने अपईं पुटरिया खोल्लई, ओई में दोउन ने खाओ। रत्ता में बड़नईं को खच्च भओ। बड़िन्नें कई कि लिल्ला भूख लगी कलेऊ कल्लओ जाय औ इत्ते में छोटो बोलो भइया सुनौ पद्देश में कोउ काउ को भइया-भौजाई नइंया। औने कही खाना-दाना अपयें तीर है तो सब कुछू है, अपये तीर नांय तौ कुछू नायं। अपयें नइयें तो कुछू नइयें। औ बोलो अपओं-अपओं खाओ-पिओ। हमाये तीर कुछू नइयें। न हम कुछू खबइयें। कुआ हतो पास में ओहने कही लिल्ला खबैओ नाईं तौ हमें एक लुटिया पानी पिबाय देउ। औनें कई ऐसो करो कि हमें एक आँखी फोल्लेन देउ। बड़ो भैया बोली—लिल्ला तोय अगिर ऐसोइ अच्छी लगत्तो फोंल्लेउ। कुआ के जगत् पै बैठ गओ, जैसेईं छाज लगाई तो औने कहीं लिल्ला थोरो पानी और पिबाय देउ। पियास तोऊ बुझ जाए। ओने कही ऐउ आँखी हमें फोंल्लेन देउ। ओने ओउ आँखी में हूदा माद्दओ, ओकी ओउ आँखी फूट गई। छोटे ने कही सिरकौ कई और सिरको तब ओने आकें धक्का माद्दओ ओ कुआ में गिर गओ। ओ तौ चलो गओ कुम्बी हनइबे और ऊ बिचारी कुआ में डरो। ओई अखेबर को पेड़ो हतो। ओपे हंस-हंसिनी रहत्तो, हंस-हंसिनी ने कई अखेबर की जड़े कुआ में गई हैं। जड़े पकर कें ऊपर आइ जाओ और अखेबर की पत्ती और टट्टी रगड़ के आँखन में लगाइ लेउ। ओ बिचरऊ ने ऊपर चढ़िकैं टट्टी-पत्ती रगड़ी। आँखै ठीक हुई गईं। ओई टट्टी पत्ती लैकें राजा को कोढ़ ठीक कद्दओ। राजा ने अपईं बिटेवा ओहकों कद्दई औ राज देदओ।

—डॉ. दयाशंकर केवट

ग्राम-सोधेंमऊ, खंड-भाग्यनगर

(कानपुर सीमा)

इक राजा हते औ इक रानी हतीं। उन्कें इक नौकर हतो औ वीरबल मंत्री हते। इक दिन उनकीं रानी नें कईं तुम बीरबल कों राखत हो तुम अपयें सारे को काये नाईं राख लेत। उन्नें कई जो वीरबल हुशियार हुइयैं सो सारो थुरियौं हुइयै। तौ रानी ने कई उन्हऊँ को खच्च पानी होत रह है तो उन्नहें रख लओ। एक दिनां राजा ने दोनों को बुलाओ। उन्नें रस्सी दोउन जनन कों एक-एक दई। उन्नें कई जा रस्सीउ आय जाए और रुपयऊ एक हजार आय जाएँ। दोउन गए बाजार में, राजा साहब के सारे ने इक आदमी से कई

लिअऊ औने कहीं हम ले लिहैं। औनें कही कित्ते पैसा की दई, औने कई एक हजार रुपिया आदमी ने एक हजार रुपिया दै दये। ओने कई रुपिया दैदेउ रस्सीउ दै देउ। तौ आदमी ने दस-बीस जूता और दये। ई पार का भओ वीरबल अपने सैर में दुय नौकरन कों लय कैं निकर गए, जिने सौ-सौ रुपिया देनें कहे और जाय कें एक गलीं में बैठ गए। नौकन्न तें कई जा रस्सिया ई चौहतराँ से वा चौहतराँ तक लेय चलो। जब सेठ लोगन ने देखो उन्नें कई यू का कईये। तब बीरबल ने कई राजा साब को औडर है कि हिन तै तें सड़क बनइयें न तो एक हजार रूपिया देउ। सेठन ने एक हजार रूपिया दै दये। दुसरे दुआरे पै गए तौ ओउन चौहतरां पै रस्सी धद्दई। बीरबल ने उनसे दुइसौ रुपिया लये। बीरबल ने दोउन को सौ-सौ दै दये। इहैं का भओ कि राजा साब के सारे पौंहचे तौ कही आदमी ने दस-बीस जूता औ दये और भगाय दओ। ओयें से बीरबल पौंहचे। उनने एक हजार रुपियऊ दै दये और रस्सीउ दै दई। राजा ने अपयें सारे कों घरें लोटाद्दओ।

—मदनगोपाल (उम्र 15 वर्ष)
कक्षा-9, गाँव कंचौसी, खंड-भाग्यनगर,
सीमा कानपुर देहात

ऐई गाँव को लरकवा हतो। वो ससुरार में रहन लगो हतो। ऊकौं ससुरार में दस बीगा खितवा मिली हतो, ताइके लोभ में उवो ओई राहत तो करै। ओको दुसरो सढ़वाई हतो। ओकी पाँच बीगा ओई में जमीन हती। वो जमना पार को हतो ए गाँव को लरकवा ऐई साल तें हुन राहत तो। राहतन में कुछू फितूर भओ या ऐको मारो होय, लेकिन कछू पता नइयां लगो। सच्ची बात तो या है कि टिकियाँ खाई कें नाईं मरो, वो तो मारो भओ है काऊ को। भगवान् जाने ई में का सत्त है, मिट्टी-ईट्टी होईं बँधी धरी रई। हिन खबर मिली तौ गवा-अवा गए। रिपोट-इपोट कुछू करी नाईं। जब रिपोट करी नईं, तौ उनकइयां मौका मिल गओ। अब औरत आइ कें हिनईं ओकी जमीन पैइंया कबर कन्न चांत। अब मालुम हुइ गओ ऐइन ने मारो हुइये, छोपो टिकियन को लगाय दओ। अब ओके ससुरार वाले ई चक्कर में हैं की बहू के नामें जमीन आइ जाए। रिपोट कछु करी नायीं हती। थाने में कोऊ इतिला भई होती तौ कछू होतो। जब बू मर गओ तब हिन खबर आई। अब का हुइये अब कुछू नाईं हुइये। बिचारी बट्टे में ई मर गओ।

—रामकिशन (उम्र 35 वर्ष)
ग्राम-उपरेंगा, याकूबपुर

पुरविया टोला की बोली

पुरविया टोला उत्तर प्रदेश के पश्चिमी हिंदी के क्षेत्र इटावा नगर में स्थित है। नगर होने के कारण इटावा में अधिकतर खड़ी बोली मानक हिंदी का प्रयोग किया जाता है। नगर के दक्षिणी छोर पर स्थित यमुना में तलाटी से जुड़े हुए क्षेत्रों पर बुंदेलखंडी का प्रारंभ दिखाई पड़ता है। नगर के छपैटी मौहल्ले में माथुर चतुर्वेदी वंश के लोग ठेठ ब्रज भाषा बोलते हैं। गल्ला मंडी में बुंदेलखंडी को बैसवाड़ी का संबंध देखने को मिलता है। यमुना पार के बुंदेलखंडी किसान और पुरविया टोला के बैसवाड़ी तथा अवधी भाषा में बोलने वाले आढ़तियों के वार्त्तालाप से एक नई बोली का सृजन होता है।

उक्त बोली समूहों के बीच पुरविया टोला में अवधी और बैसवाड़ी के गीत, लोकोक्तियाँ, मुहावरे, कहावतें अपने मौलिक रूप में यहाँ सुरक्षित हैं।

सभी पुरविया आपस में अपनी बोली में बात करते हैं तो सुनने पर यह नहीं लगता कि ये लोग इटावा नगर या इटावा जिले के हैं। नगर के इस मुहल्ले में पहुँच जाने पर ऐसा प्रतीत होता है कि हम पश्चिमी हिंदी के प्रदेश में नहीं, बल्कि अवधी भाषी किसी गाँव में पहुँच गए हैं। इटावा बोली के लिए पुरविया टोला की बोली भले ही अटपटी लगती हो, किंतु उसका अवधी और बैसवाड़ी का लौकिक स्वरूप अभी सुरक्षित है।

पुरविया टोला की बोली के कुछ नमूने

एक दिवरानी जिठानी हती। दिवरानी गरीब हती और जिठानी अमीर तो दिवरानी जिठानी के हिंया आँटा पीसे जाती रहें सो सकठ चौंथ के दिन व्रत रहीं। दिवरानी के हिंयन कुछु खाय का नहीं हता तो खेत से बथुआ तोड़ के लाईं और ऊका ऊबाल के ऊकी पिड़िया बनाए लिहिन। वही से पूजा करिन वही खाइंन। पूजा वाली पिड़िया उठाय के सिकाहारे मा रख दीहिन और ओई रात का सकठ बिचारी किवाडा खोलिस। सकठ देवता कहन कि हमका बड़ी जोर से भूख लगी रहिंन। बुडिया कहस कि हमरे घरे तो कुछ खाय का नाहीं है। बथुआ की पिड़िया सिकाहेरे मा धरी है ओई खाय लेओ। सकठ देवता खाय लिहिन फिर कहन कि बुड़िया हमें नींद लगी है। बुड़िया के घरे एक टुटांहा खटोला हता बाही मा सोय जाओ। बुड़िया और ऊका लरका जमीन मा सोय गओ। सबेरेईं चार बजे सकठ देवता उठे कहन कि बुड़िया री बुड़िया हमका टट्टी लगी राहन। बुड़िया कहिस कि पूरा घर तो पड़ा है चाह जाहाँ कर लेऔ। सकठ देवता पूरे घर मा कर लिहिन और कहिन कि और करबे। बुड़िया कहिस कि हमरे मूड़ मा कर लेओ। सकठ देवता उनके मूड मा करे लिहिन और कहन बुड़िया अब हम जाय रवा। जब सबेरा भया तो जहाँ देखे तहाँ सोनई-सोना पड़ा। बुड़िया उठाय-उठाय रखे लगी। ऊका लरका

कहस कि अम्मा तुम्हार तो बारऊ सोने के होय गए। जब जिठानी घरे गई तो देर होय गेई हती। जिठानी कहिस कि इत्ती देर से का करत। अहिऊ का करी बहना हमरे घरे तो सकठ देवता सोनई–सोना करगा बाही धरित राही सोई देर हो गई। जिठानी कहन कि हाय तुम का करे रहो जो तुमरे घर मा सोनई–सोना होगवा। दिवरानी कहिन की हम तो कुछू नहीं करा रहै। बथुआ की पड़िया खाय का दिया और टूटी खटिया सोंय का दिया रहन। सबेरे उठे कहन कि हमरे टट्टी करबे हम कहा, पूरा घर पड़ा है चाहय जहाँ कर लेओ। ऊय पूरे घर मा सोनई–सोना कर दिहिन। दूसरी साल जब सकठ चौथ आई जिठानी ऊय वैसइ करिहिन। लेकिन ऊन के घर मा जब देखिन तो पूरे घर मा टट्टी पड़ी रहै। जब उनके घर मा दिवरानी आई तो कहन कि या का करबाओ। हमरे घर तो सोने की जघह टट्टी–टट्टी करगा। दिवरानी कहन कि जब तुमरे घरे सब कुछू हता तो तुम सब कुछू खाय का काय न देतू और पलग मा सोवे का देतू। हमरे घरे तो कुछू हता नाहीं तो हमू या दिया हता और तुमरे यहन सब कुछू हता तो सब कुछू देतू जैसे उनके घरे सोना–चाँदी करिहिन रामे करे बैसई सब घर मा करे।

—सारिका
बी.ए. (तृतीय वर्ष)
पुरविया टोला, इटावा नगर

लगत कार्तिक चोथ का करवा चौंथ होत है। सब सुहागिने व्रत रखती हैं। एक पंडितजी हते उनके सात लड़का हते। एक बिटिया हती। उनका नाम वीरावती हता। वीरावती पैली बार करवा चौथ का व्रत रहन तो वे होश हुइ गँई। उनके भइया परेशान हुइ गे। एक भइया पेड़ मा चढ़के चलनी से दिया दिखाय दिहिन, दूसरा भइया कहिस कि चाँद निकल आवा, बहिन पूजा करो। बहन उठी पूजा करिस जब खाय बैठी तो पहले कोर मा बाल निकर आवा, दूसरे माँ छींक भै, तीसरा कोर जब खायइन तो ससुरे से बुलावा आवा। जब गई तो देखे कि उकी पति मरो पड़ा है। बिचारी रोये–पीटे लगी। उधर से पार्वतीजी निकरीं। पूछिन का बात होइ गई? वीरावती कहिन कि हमसे कौन सा पाप हुईगा, जो हमार पति मरगा। पार्वती कहिन कि तुम बिना चनदरमा निकरे पूजा कर लियो, तबही ते तुम्हार पति मरगा। अब एक साल की सब चौथ उपासी रहन। जब करवा चौथ आवे तो अच्छी तरह पूजा करहन। चनदरमा का अर्ग दीनो, तब तुम्हार पती जिंदा होई। वीरावती वही करिस उनका पति जिंदा होईगा। यही से सब सुहागिने करवा चौथ व्रत रहती हैं, जिससे उनके पति के उमर बढ़ जाय।

—शिवरती वर्मा (उम्र 50 वर्ष)
पुरविया टोला, इटावा नगर

परिशिष्ट-ख

परिशिष्ट

इटावा की बोलियों में प्रयुक्त शब्दावली

अर्रा (अरहर)
अंजन
अंधुआ (कुआ) अंधा
अचरज
अचम्बो
अकिल
अकिलें (लेकिन)
अछीकर (बिना खाये-पीये)
अथई
अठारा (अठारह)
अनुंआ (बहाना)
अन्गोछा
अन्गुरिया
अदफर
अनीती
अन्ना (खाली)
अकुरी (हल)
अट्टेसन
अगल (अलग)
अंदो
अतरी (जोतने से जो भूमि रह जाए)

अकौआ
अइया (दादी)
अबीर (रंग)
अपऐं
अफर
अबकीं (इस बार)
अबईं
अभियाल
अरज (प्रार्थना)
अबेर (देरी)
असल
असील (चुनौती)
असली
अम्मईं (कसम)
अलेदी (अलग)
अलेलेव (अरे)
अव्वल (प्रथम)
अभागो (बदमास)
अल्दवल्द (बदलना)
अघाय
अंदाज

अखर	अन्गाउँ
अड़	आद (खेल में आद)
अंत	आँखीं
अघेना (सर्दियों में आग जलाने का स्थान)	आँगन
अदाक	आँत
अधर्मी	आजु
अपमानु	आनु (आऔ)
अरक	आबौ
अबाई	आठऔ
अभागो	आगी
अरे	आधिसी
अर्थ	आसों (इसी वर्ष)
अर्राय	आँसू
अनजान	आसरें
अस्सेरा (आधा सेर)	आखिरी
अलोनो	आस्य
अरगनी	आपईं
आंट (अवरोध)	आंट
आलू	इलेलेव
आनों (कुठिला का मुँह)	इल्लात
आयो	इस्टूल
आंस (खलना)	इतिला
इंजन	इधर
इन्जाम (दोष)	इत्तन
इनसान	ईसुर
इट्टेसन	ई पार
इक	ई छोर
इओ (यह)	ई ठोर
इल्लाना	ईख
इखट्टो	ईंधन
इत्तो	ईंगुर
इंतान	ईंट

इमिली	ईस्या
इलाज	ईष्या
इलाची	उछल
इनाम	उकुरूँ
इनें	उखारी
इन्हें	उगाई
इयें	उठाई
उजीतो	उरानो
उसीसें	उन्नत
उघारो	उखरी
उद्‌य	उल्लू
उंजिरी	उठू
उलोनो	उपानें
उआ	उसई
उलेत	उल्लात
उन्ते	उड़नस
उंसे	ऊख
उन्को	ऊपरी
उछाव	ऊसर
उड़री	ऊजर
उंयायन	ऊसईं
उसीसे	ऊँट
उरे	एक
उत्तोई	ऐंठना
उज्यारो	ऐंचना
उन्ना	एसो
उठना	ऐंहें
उसरेट	ओ–औ
ओक	कोख
ओंग (नींद)	कोता (कम चौड़ा)
ओंठ	करिआ
ओसर	कंग्गा

ओटयाई
ओंद (छप्पर को रोकने वाली रस्सी)
ओंछना (बाल ओंछना)
ओकात
ओरो (ओला)
ओटा (लकड़ी का टुकड़ा जिस पर चारा काटा जाता है)
ओगिन
ओकी (उसकी)
ओईं (वही)
ओरी (तरफ)
ओस
ओढ़ना
अवतारी
ओने (उसने)
ओरी (पक्ष)
औरिका (हाँ)
औलाद
किछिना (छिड़कना)
कनियां (गोदी)
कल्लई (कल ही)
कन्छुली
कलसिआ
करब (चारा)
किनने (किसने)
किंते (किस्से)
किलो
कित्तो (कितना)
किलुआ
किरया
किनारो
किरोड़
किलोले

करों (मजबूत)
कच्चो
कउआ
कुइया
कछुआ
कुछु
कुलुआ (छोटी टोकरी)
ककई
कांटो
कड़ी (लकड़ी)
कढ़ी (सब्जी)
कल्य
कढ़ना (निकलना)
कलु
कोऊ (कोई भी)
कजरा
काये (क्यों)
किलिया
कंगाली
काड
कबऊँ
कलेउ
करूओ
ककरी
कमाई
कमेरो
कीकत
कीरा
कोंदा (बादल)
कोतीं (बदले में)
क्वार (महीना)
किस्मत

किसान	काच
ककबारी (फुड़िया)	कहावत
कुजात	कठिन
कोल (कमरा)	किताब
किआम	किरकिरी (बात खराब)
कीचर	कुंडी (पानी भरने का स्थान)
कुंड (यज्ञ कुंड)	कुबेंरा
कुंद (बोलता न हो)	ककरोंदा
कुकरमी	कनपटी
कुटिया	कूलो
कुतिया	कानी
कुलफी	काठ
कूँचा (झाड़ू)	कप
कूरो (कूड़ा)	कपकपी
कूद (कूदना)	कंजा
कोलू	कबरा
किस्सा (कहानी)	कैंची
कुठरिया	केरा
कोथ	कन्सिया
कोथी	कुतुका
कोड़िया (पैसा)	खाक
कलींदो	खर
कलट्टर	खलीता (खल्ला)
कुढ़ना (रूठना)	खलीफा
करहैया (कढ़ाई)	खजुरी
कुड़ता	खुजुरिआ
कुलना	खट्टो
खटमल	खेप (बारी)
खच्च (खर्च)	खेंचना
खतरा	खिच्चर
खपत	खोका
खपरा	खुर

खटका (चिंता)
खबैया
खरमूंजा
खरे (तेज)
खटोला
खनखनात (बजात)
खा (खाओ)
खाद
खाई
खार (किसी से अधिक नाराज होना)
खाल
खामखाँ (बिना कारण)
खूब
खूजरा
खोया
खोअ
खिचैया
खिरकिया (खिड़की)
खितुआ
खील (धान की)
खुलो
खुरपिया
खुपड़ी
खूँटा
खूँड (गन्ना)
खुपट
खोंटी (खोंटना)
खुइया (वर्षा से बचाने वाला पतला)
खुइया
खुटिया
गंगा
गइया

खें (राख)
खरिआ (रस्सी जिसमें घास बाँधी जाती है)
खोखट
खयाल
खोंचा
खाँद (नाली में)
खातिर (खुशमद)
खारो
खउआ (खाने वाला)
खीरा
खिलाड़ी
खियारी
खिचरी
खिवैया
खिलैया
गडुवा (लोटा)
गगरिया
गरमी
गरना
गड़ासी
गरुआ (भारी)
गटुंआ (गंठा)
गप्पी
गरज
गठिया
गदा
गुपकना (किसी अन्य व्यक्ति द्वारा फेंकने पर हाथ में लेना)
गबाई
गन्ना
गमखा (रुक जाओ)

गऊ	गरब (घमंड)
गरीब	गली
गद्दर (अधपका)	गंठी
गल्ला	गमांर
गहार	गद्दार
गुफयाना (हाथों में लेना)	गुर्रारना
गोझा	गुजुआ (नाक का मैल)
गेंरु	गुल्चा
गिआनी	गुटका (कंकड़ जिससे बच्चे खेलते)
गलना	
गौहुआ	गुच्छा (चाबी का)
गाहक	गुंछा (जामुन का)
गलुआ	गूलर
गोवर	गुआला
गोल	गुबडीला
गोता	गलुआ (चक्की का)
गारी	गोड़े
गाँठी	गुलेल
गुम्मा (ईंट का टुकड़ा)	गुइयाँ
गीद	गुल्लिया (नीम की लंबी लकड़ी)
गीली	गुरिया (शरीर के गरदन)
गुनां	गिरिया
गुनइयाँ	गुलगुला
गैर (दूसरे)	गुदगुदी (कुतकुती)
गुठिली	गोद
गुपिआ (बच्चों का खेल)	गवरमिंट
गुम (खोना)	घासुउ (घास)
गोना	घन्नेटा (चक्कर)
गाड़ो (जो तरल पतला न हो)	घुड़िया
गहाय (पकड़ाना)	घूँघट
गोरो	घूरो (कूड़े का ढेर)
गेंती (फाँवड़ा)	घाट

गाज (भाबई)	घात
गाबिन–गियाबन	घिरना (फसना)
गिनती	घी
गिन	घुमक्कड़ी
गोता	घुसना (गुलना)
गेहूँ–चना	घोकिआ (टोकरी)
गजरें	घूरना (देखते रहना)
गोंद	घन (चोट करने वाला)
गोबी (सब्जी)	घटी (हानि)
घुंडी	घुटुनो
घटा (बादल की घटा)	घुनो
घपला	घुसो
घरुआ (पौधे के आसपास बना हुआ घेरा)	घुआ (पौधे में)
घाव	घुल्ला (छेद)
घाम (धूप)	घरवारी (पत्नी)
घुसटिआ (पक्षी)	चालू
घींचा (गरदन में मारना)	चकुआ
घओ (घये) (चूल्हे में रोटी रखने का)	चाम
घनोंची (घड़ा रखने का स्थान)	चरस
घुडचुद (आवागमन)	चंदा
घुच्चा (जिसे कम दिखाई दे)	चुखरा (चूहा)
घेलेव (चारों तरफ से फँसाना)	चूतिया
घानी (राई को एक बार पिराने को)	चूलो
घूँसा	चौका
घिरणा (नफरत)	चोंरा (मरघट)
चंट (चालाक)	चिनगारी
चांत	चिल्लड़
चरुआ (बच्चे के जन्म पर)	चीज
चनां	चील
चकिआ	चुटिआ
चबिया (चाबी)	चून (आटा)
ॼचेरो	चाँटा (थप्पड़)

चतुर	चिकनी
चबाय (गाली)	चिट्ठी
चरखा	चित्त
चलन (रीति-रिवाज)	चिरैया
चीजवत्त	छींक
चीला (बेसन की रोटी)	छिपकली
चूक (भूल)	छिरिया (बकरी)
चोंच	छेद
चेला (शिष्य)	छोला (आम सूखा हुआ)
चौकसी	छपरिआ
चौदस	छज्जा
चौपे (पशु)	छोंक (सब्जी का छोंक)
चुर (पक)	छिरयारौ
चूर (चारपाई की)	छोपो (आरोप)
चोंतरा (चबूतरा)	छछोड़ा
छटी (बच्चे के जन्म के छठवें दिन को)	छलिंया
छाँटना	छर्रा
छेकना (अलग करना)	छिनरा (गुंडा)
छन्गा	छिनगुनियाँ (छोटी उँगली)
छाल	छिपी
छाप	छुरा
छप्पर	छुल (छीलना)
छन्ना (कपड़ा)	छोलन
छल्ला	छकना
छींक	छड़ी
छकना	जिसने
छड़ी	जिनमें
छनीं	जिन्ने
छबी	जिनकों
छउआ	जिंदा
छाँटना	जघा
छाँटना (अलग)	जनीं

छैला	जनें
झोंक	जड्ड
छीकों	जबरई
छेकनों	जाँघ
जा	जातु
जू	जाउ
जूका	जुगाड़
ज	जुतियाना
जप्त	जूता
ज़रा	जुतई
जान	जोता (जुँआ की रस्सी)
जबर	जोरा (जूता)
जित्तो	(राम–जुहार)
जिनको	जोन्सो
जेंगरा (जानवर)	जोंक
जुआब	जीभ
जुआरों	जुगनू
जेल	जुनरी
जिआई (बिटिया)	जमुआर
जेहर	जांगिया
जुर (बुखार)	जुल्म
जुताई	जुरबे
जूंना (बंडल बाँधने की रस्सीनुमा)	जनाउर
जुआरी	जिठौत
जुर्रत (हिम्मत)	जबासो
जंगली	जेंदा
जलेबी	जउआ
जी	जुआं
जीब	झकरा
जीव	झाड़ू
जौ	झकरिया
जरिया (साधन)	झिरी

जुवान
जवान
जुवानी
जौलो
झटका
झुरना (झाड़ना)
झबा (पूड़ी निकालने का बरतन)
झबैया (डलिया)
झन्ना (आटा चकिया से साफ करनेवाला कपड़ा)
झट्ट (जल्दी)
झार (बेसन की बत्तियाँ)
झिजक (संकोच)
झकूटा (छोटी झाड़ी)
झबरा
झूंट
झूला
झोंरा
झुरिआ
झौंका
झुकना
झबरा
टका (पैसा)
टपका (पका आम)
टलिआ
टाट
टेकना
टोंटी
टोका
टोरियाँ
टीलपाओ
टार्च
टिरटिरात

झींक
झुंड
झुतरो (बाल)
टटको (ताजो)
टोर
टेम
टिकिया
टीका
टीला
टीस (दर्द)
टाँगना
टीक (मस्तक के बीच)
टेर (भगवान् से प्रार्थना)
टीन
टिरेंगन
टुकनिया (डलिया)
टिसुआ
टीसेट
टैबूल
टेंटुआ
टिघलना
टेंहटूरा
टिनोपाल
टुपिया
ठर्रा
ठल्ला
ठुकना
ठूँट
ठरगजो
डर
डंडा

ठाठ	डलिया
ठग	डिलो (डीमा)
ठंड	डोंठ (पेट)
ठंइया (स्थान)	डंगनियाँ
ठौर (स्थान)	डिगचिआ (पतीली)
ठोकना	डुंग (डाली)
ठाड़े (खड़े)	डंक (बिच्छु का डंक)
का-ठिकानों (का पतो)	डुकरा (बूढ़ा)
ठुकराना	डोलडाल (शौचालय जाने को)
ठोकर	डोरा
ठोड़ी	डाड़ीजार (गाली महिलाओं द्वारा)
ठकुरानी	डंडिया (पतला डंडा)
ठलुआ (खाली आदमी)	डोंगिया (नाव)
डेरा (जमना)	तम्बुआ
डला (पूड़ी का पला)	तखरी (तराजू)
ढांक	तबा
ढरक (ढाल)	तंबाड़ी
ढिंगा (पास)	तंबाकू
ढोलक	तलास
ढोंग	तजबीज
ढकना (ढक्कन)	तरकीब (उपाय)
ढीट (अनसुनी करनेवाला बच्चा)	तसल्ली (आशम)
ढ़ेचा (एक पौधा)	ते (से)
ढोत (ढो रहा)	तासों
ढुरकाना (फैल जाना)	ताम्बो (तांमा)
ढूँढ़ना (खोजना)	तालो-तारो
ढिल्लड़ (ढीला)	ताल (कुश्ती के समय)
ढरकनो (कींच)	तार
ढोंगी	तॉस (खेलने वाले पत्ता)
ढुलना(बदमाश पशुओं के गले में लकड़ी का टुकड़ा डाला जाता है)	तित्तो
ढोला (रासलीला)	तीतो (गीला)

ढाई	तिगुना
तुक	तिंते
तरुआ (खोपड़ी)	तरवार (तलवार)
तकुली	तारी
तरकारी	ताकी (उसकी)
तमीज	ताड़ी
तकलीप	तेसील (तहसील)
तलैया	तिहाये
तिरसूल	तिनका
तिदवारी	तरबूज
तहाँ	तौका
तोई	तौंमा
तागो	तिवनार
तोसे	तिपाई
तोले (जब तक)	तिल
तोकों	तिलाई
तुमें	तीर
तुम्कों	तीरथ
तेरो	तेली
तें	तियार
तेइसों	तोंद
तमन्चा	तमाम
ताव (स्मा)	तहमल
ताव (पुस्तक पर कवर चढ़ाने को)	तनकऊ
तुर्रासाई	दांग
तुक	दाँव
तिलमिलाये	दाब
तरास	दबाव
था	दरिया (दलिया)
थपथपाना	दाद
थरिया	दाम
थन	दबना (झुकना)

थेल (गोबर)	दब्बू (डरपोक)
थोक	दगाबाज
थकना	दार (दाल)
था (थाह)	दुबारा
थोंद	दुफारी
थुनकिया	दोंना
थोरोबौत	दूबां
थुरिआ (नई भैंसिया)	दिनु
थूंक	दिवारी
थुतरो (मुँह को गुस्सा में)	दिवाल
थौंथा (मोटे आदमी को)	दित्ते
दओ	दइया
दई	दद्द
दाँत	दिबाला
दाड़	देना
दराँती	दुकान
दम	दूला
दोऊ	दुआरो
दौल	दूद
दुत्कारना	दुधाड़ी
दुलारना	देउर (देवर)
दस्तरी	देश
दुपट्टा	देर
दौड़	दस्सन
दौलत	दूती
दोउ	दरी
दौनों	दबी
दरोगा	दहई
दबात	दाग
दवाई	दुपतिया
दराई	धत्ती
दमाद	धनुष

दिन–रात	धनकर (धान)
देहसत	धर्म
धन्य (लकड़ी)	धाँसू
धरी (आठ सेर)	धकआय (सिरकाना)
धुआई (कसम)	धंदा
धुबाई	धुंदा (धूर)
धोला (पैसा)	
धोका	धूरा
धराउठाई	धनकर
धाक	धार
धौंस (धमकी)	नल
धसना (घुसना)	नोवमी
धपार (बड़ा डीमां)	नोजिल
धद्दई (रख दी)	नोलिज
धल्लई	नकेल
धुन	नओ
धीरज	नलिआ (नाली)
धूरा (धूल)	नटखट
धड़ाधड़	नॉज (अनाज)
धोंकना (जलती आग को)	नांक
धमक	नांथ
धमकी	नाल
धक्का	नांप
नपाई	निहुरना (झुकना)
नंगीच (पास)	नींकी
नसीब (भाग्य)	नन्ना (नाना)
नरो (पैर के नीचे)	नहाना
निरो (अधिक)	नानी
नीमर (नीम)	नलिया
नीकों (अच्छा)	नंगगा
नस	नदिया
नांस	नबज

नाव	नाउनीं
नाओ	नौनीं
निघट (समाप्त)	निराई
निच्चू	निकाई
निंबुआ	निभाई
नौंता	नसाई
निउरा (नेवला)	निपनियाँ
नार (गरदन)	नसैनी (सीढ़ी)
नीम	निर्मोई
नीच	निखर (पूरी तरह)
नंद	निचोर
निबरिया (छोटा नीम)	निमोरी (नीम का फल)
निकसनियाँ (छोटी)	नुनखरो
निरवंसिया	नींद
नहाव	ननसार
नौकरी	नेक
नेंकसो	नपू
निमोना (फलियों का दाना)	परमेश्वर
नइया (नाव)	पांनी
नंबर	पंगत
नब्बे	पंज्जा
नोंटोरा (नया खेत)	पल्का
न्यारे (अलग)	पलांकी
नकुना (नाक)	पनारो
निहुरा	पराठों
नग	पकोड़ी
नथना	पचोनी
नाँच	परोसी (पड़ोसी)
नगाड़ा	पंछा (तहमद)
नूंन	पंदा (पंद्रह)
नूरा	पंसेरा (पाँच सेर)
नकुआ	पैला (पला)

निरदई	पैजामा
पिन	पढ़ना
पुन्गा (गमार)	पेरा (पहरा)
पोन	पैरिआ
पौंरा (फाँउड़ा)	पनेठी
पूंज (मक्का आदि)	पसेरी
पूरब	पतीली
पूनों	पस्स (परोसना)
पोना	परसाद (प्रसाद)
पसीना	पतंगा
पसीज (पानी आना)	पत्थर्‌
पलीता	परना (पन्न)
परीक्षा	पारी
पनिहारी	पग
पकना	पठान
पाद (शरीर से वायु का निकलना)	पुर्जा (प्रसाना)
पाल	पत्ता
पाजी (गाली)	पत्ती
पच्चीस	पंथी
पट्टी	पदना (थकना)
पड़िया	पीर (दर्द)
पड़ा	पकरिआ
पचना	पिबैया
पांज	पिरात (दर्द)
पाट	पहाड़
पाठ	पहिआ
पइया	पीस (पीसना)
पखिया (क्यारी)	पिटाई
पिछौरा (बड़ा चादर)	पोली (मुलायम)
परांत	पंच
पइसा	पीपरा (वृक्ष)
पक्की	पुखरिआ (तालाब)

पीठ
पुरी
पुल
पुरबा
पछयाव (हवा)
परेबट (परेहबट)
पोहे
परबा
पनिहा
पिल्ला (कुत्ते का बच्चा)
प्रभु
पन्हा (जूता)
पटेला (खेत में लगाने वाला)
पहाड़ा
पैलमान (पहलवान)
पिआर (पुआल)
पुख्ता (मजबूत)
पूजा
पूरा (पुआल के छोटे-छोटे गट्ठर)
पूस (महीना)
पल्टा
पिड़धान (प्रधान)
पिल्सिन (पेंशन)
पेनी
पिटाई
पसन्ना (बड़ा घड़ा)
पिजम्मियाँ
पिड़कुलिया
पीड़ (आटा की पीड़)
पागल
पेट
पेड़ो

पटरों
पपरिआ
पुरखा (पूर्वज)
पुली
पिचकारी
पला
पल्ले
पसुरिया
पस्सों (परसों)
पटक
पेशे
प्याज
पौंरा
पल्ले
पटेला
पिंड्र्डी
पाल
फकीर
फरेदों (जामुन)
फरार
फाँक
फाग (होली पर गाने को)
फरना (फलों के अधिक लगाने को)
फूहर
फौंरा
फरिया
फरी
फंल्लाग
फार
फारम
फक्कड़

पेड़	फन
फिर	फरक
फूँकना	फजियत
फौजें	फबना
फुआ	फूल
फुसफुसाट	फूँस
फूला (मक्का का फूला)	फोरा
फबत	फोम
फंदा	फुअरिया
फटकार	फुली
फल्का	पुलकिया
फाइदा	फुरफुरी
फरिगी	फिरना
फैल	फिकर
फैंक	फिरत
फसल	फरकत
फस्य	फरफिदुआ (पौधा)
फसफसाय	बाँकी
फूँका	बुकरिया
फफेरा	बकसिया
फरकतीं	बुकरा
फिटकरी	बुखार
बुरा	बुलाई
बोली	बंजर
बोगी	बयूरा (बमूल)
बोर	बसूला
बोना	बचना
बौरा	बच्चा
बनियान	बर्रा
बर्बाद	बरति (स्वप्न)
बेईमानी	बरात
बिरिया (बेर का पेड़)	बरमा

बिलिया
बिसो (जमीन की नाप)
बिख्यात
बिरोधी
बेकार
बेसहूर
बेर
बर्बादी
बंजा
बुराई
बुआई
बाबा
बाढ़
बांकी (शेष)
बारी
बाँस
बरगद
बरुआ
बेलुआ
बेकारी
बीमारी
बेघर
बिलना
बिकना
बिकाऊ
बन्ना (दूलहा)
बाकई (वास्तव में)
बेटा (समय)
बेला (बरतन)
बिनना
बिठाओ
बिगारो

बुई
बुरा
बंबा
बासन (बरतन)
बालन्ग
बापारी
बस्सात
बस्सा (वर्षा)
बखारी (गेहूँ, भूसा रखने का स्थान)
बराती
बिरास
बहू
बकवास
बकुआ
बरोठो
बीस
बिंते
बिन्से
बधर्रा (जानवर)
बरघा (बैल)
बर (दूलहा)
बारामासी
बिआव (विवाह)
बासा
बारी
बदनाम
बान्टी
बाप
बिच्छु
बिच्छुआ
बिना

बित्ती (हाथ)	बनिया
बिरबा (टोना)	बनना
बैसाख (महीना)	बिगड़ना
बड़नी (झाड़ू)	बोटी
बाट	बैंड
बोतल	बतम्मीज
बुरिआ	बिझरा
बोझ	बिलोंचा
बाँझ	बकुला (छिल्ला)
व्याद	बीड़ी
बस	बीनना
बस्य	बिलायती
बाली	बिटिआ
बारी	बंशीवारो
बिरो (बाँस के समुदाय)	बकैना
बिर्था (बेकार)	बुल्ट
बिलकुल	बख्सुआ
बंदूक	बुकसेट (शर्ट)
बूँद	बिजना (पंखा)
बुई	बगीची
बुराई	बढ़ई
बाईते	भाला
बिराना (किसी को)	भइया
बिराम्ण	भौली (भाभी)
बाजू (खेत)	भोली
बाजू (नबर)	भोर (सबेरा)
बख्त (समय)	भूला
बखटा	भटका
बल्दीयत	भूरा (सफेद)
बल्ब	भुस्य (जलना)
बाकी	भुरभुरी
बेंजा (गलत कहना)	भिंर (चकिया की)

बला	भिकांरी
भई	भारी
भार	भांजी
भात (कपड़ा)	भगोड़ा
भारी	भगौना (बरतन)
भगना	भल्लेव
भगरे	भटक
भाड़	भाँग
भात (चावल)	भट्टी
भींजना (भीगना)	भनक (खबर की थोड़ी सूचना)
भूंजना	भान्जो
भूंसना	भुट्टियाँ
भेड़	मका
भैंस	मग्गा
भैंसा	मदारी
भिंडी	मछरी
भिड़ना	मंजरा (छोटा गाँव)
भौजांई	मझिया (शादी कराने वाला)
भरोसो	मठा
भतीजो	मड़ा (कमरा)
भुंड	मदारी
भिलसयाने	मधुमक्खी
भड़भड़ात	मधुर
भाबंई	मन
भूत	मूरा (मूली)
भाँउरे	मही
भराई (खेत)	मांछी (मक्खी)
भालू	माचिस
भल्ला	माँगी
भेजा (शरीर)	माँग (खेत)
माँग (सिर)	मेन्त
माँगा	मेंगओ (रस्सी)

मझयाना	मोजा
मंजूरी (स्वीकृति)	मौजा
मांजा	मौका
माहुरी	मौरा
माहुट (हलकी वर्षा)	मोला
मिखोल (हँसी)	मोहर
मिचुआ (चारपाई का पैर)	मोहंड
मिंजाई	मतई
मुराद (इच्छा पूर्ति)	मुकरो
मुग्गा (मुरगा)	मझोला
मुंझात	मंदसा
मुरमुरिया	मलइया (घड़ा)
मुहिया	मान
मुहइया (उपलब्ध कराना)	मांस
मुसट्ठ (चुप्पी)	मालूम
मुक्ति	मास्टर
मती	मास्साब
मुसरेट (कड़ा करके)	माल्दार
मेला	मील
मसूड़ो	मिलाई (गले में किसी को मिलने को)
मौथा	मेरी
मौसा	मोई
मुखिआ	मोड़
मूसर	मौसो
मुरक्को	मोकों
मंढ़ा	मई (पटेला)
मांराज	मुद्दई
मुसरेंट	मंशा (इच्छा)
मैं	मछरी
माँ	मुलम्मा
माल	मुरात

मालिक	मालिस
मांछी	मल्लम
मम्मा	मांजना (बरतन साफ करने को)
मुद्स्सा	मेड़
मसला	मेरिया
मिलना	मोड़ी
मिंट	मौड़ा
मुनीमी	माइको
मुसीबत	मकरी
मरुआ	रांड (जिसका पति मर गया हो)
मिमयात	रगड़ा (समस्या)
मूंठा	रकम
मामी	रबड़ी
यार	रखवारी
यारी	रत्तागीर
यह	रस्सी
याको	रिंगना (धीरे चलना)
याद	रुपिया
यज्ञ	रुआसो (रोनेवाला)
योंई	रिस
राज	राम-राम
रास	रात
रई	रंध
रहुअर	रेत
रखिया (रक्षा सूत)	रेल
रामआसरे	रेजगारी
रसुइया	रानी
रजइया	रासी
रंधना (पकना)	रहिबिन
रूई	रहो
रहे	लिसेरना (भिड़ा देना)
रिमझिम (हलकी वर्षा)	लुगाई

रुजगार (धंधा)	लोटा
रुजका (हरियाली)	लोग
रूठना (नाराज होना)	लिहाफ
रोपा (धान की लगाई)	लौगन
रंडुआ (जिसकी शादी नहीं हुई हो)	लोक
रानलगो	लेबल
रेहंकना (पशुओं के चिल्लाने को)	लाख
लबरा	लार
लौड़ा	ल्हास (मृतक शरीर)
लोंडिया (लड़की)	लली (लड़की)
लोबी	लुहारी (गली)
लूली	लाहर (बदबू)
लूका	लहंगा
लाज	लिड़ोरी
लोहरे (छोटे)	लफँगा
लाओ	लेरुआ (पशु के बच्चा)
लाऊँ	लाउनी
लाइक	लग्गड़ (तेज)
लिखना	लुहार (बढ़ई)
लेंहड़ी (बकरी की टट्टी)	सिखाया
लेड़ी (कुत्ता)	सिपाई (सिपाही)
लेंस (दीवार)	सपड़ी
लप्पड़ (थापड़)	सिला (खेत में)
लफँगा	सकिलो
लाँघना (कूदना)	सिरको
लमकना (तेज चलना)	सिमटना (सिकुड़ना)
लमझेड़ (उलझन)	सुत्तई
वहाँ	सेकिर
वाको	सबरो
वाकी	सदेई
सियार	सोंडार (सफाया)
साल	सोरा (सोला)

साग (सब्जी)	सौदा
साँप	सला (दोस्ती)
साठ	सूनी
सच	सूजी (सुजाई)
सही	सजयारी
सखी	सजयार
संजा (शाम)	समदी
सिर्री (पागल)	सिमईं
समझौता	सदरी (पहनने का कपड़ा)
समोसा	सास
समस्या	सिक्का
सेमर	सड़क
सजना	सलाद
सहूलत	शरम
सानी	सडांद
सारी	सुसर
सई	ससुरार
सही	सीना
सड़ी	सिसी (शीशी)
सरिया	सुअर
सिरकंडा	सुन्न
साँड़	सुरमा
सला	सुनार
सफाई	शेर
समाई	सौत
सर्दी	सेत
सरई	सहद
सांकर (जंजीर)	सहज
होस	हंगना
हरदम	हाड़
हियांसे	हांत
हिऊंनतई	हिम्मत

हिन्ना	हसुली
हुल्कारना	हिरदय
हुजूम	हक्य
हुन्डा	हनाना
हुल्ला (डाँट)	हाँकना
हाँकना	हामी (वायदा करना)
हज्म	हरबाई
हलुआ	हबेली
हउआ	हरबेर
हपना	होय
हंस	हाथ
हसिया	हटना
हकैया	हिलना
हटी	हाल
हुल्लड़	हमेशा
हसोड़ा	हठना
हथौड़ा	हार
सेली	सवित्ती
सेंकना	सुत्य (याद)
सीखा	हैं
सिगरिट	हर
सोटा (डंडा)	हरी
सिटपिटाना	हँसी
सुखिया (सुखी आदमी)	हर्रई (खेत में)
सनसनी	हसिया
सिद्दी	हलका
सिआई (स्याही)	हरियारी
सैल (टार्च का)	हिजगरी
सैला	होंस (इच्छा)
सिमानी (बड़ी)	हरैया
सापा (सिर पर बाँधा जाता है)	हमदर्दी
सगो	हमाई

सेलाउत	हमारे
सींक्चा	हमसों
सीरोट	हमकों
सीमेंट	हमऊँ
सकिलो	हम्मे
सपेरो	हिंया

इटावा जनपद की सीमावर्ती बोलियों में प्रयुक्त अपशब्द

सामाजिक जीवन में वातावरण, परिस्थिति एवं स्वभाव के कारण व्यक्ति अपनी अभिव्यक्ति उसी में बोली के माध्यम से ही करता है। सामाजिक जीवन में स्वभाव के अनुकूल और प्रतिकूल परिस्थितियों में बोली के माध्यम से प्रकट करता है। सामाजिक जीवन में नित्य ऐसे अवसर स्वाभाविक और अस्वाभाविक रूप से आते रहते हैं, जब अपनी बोली की सीमा को लाँघने में कतई संकोच नहीं होता है। इटावा की बोलियों में भी अन्य बोलियों की भाँति बहुत अधिक अपशब्द प्रयुक्त होते हैं। इटावा की बोली में 'बेंचों', 'सारो' अपशब्द तो तकिया कलाम बन गया है, जबकि यह सबसे बुरा अपशब्द है। जैसे—

लोंड़ा जन्दी जा बू सारो अभियूँ नाईं आओ।
जाकें तो भुलभुली परी है।
तूँ बेंचों कछु कामईं हमाओ कद्देव।
तनिकऊ ससुरे को शर्म नाईं लगत। (कानपुर सीमा)
सास कै कुछु कर लैवो।
तूँ बनाय उल्लू है का?
ससुरी को कहत काहे नाईं। (मध्य प्रदेश सीमा)
सारे माड्डारयें जो अब्की बोलो।
तूँ मोकों काये कइयां चूतिया बनाउत। (कानपुर सीमा)

महिलाएँ आपस में एक-दूसरे को अपशब्द प्रयोग करते समय रांड, कुतिया, ठगनी, रंडी, छिनार, चमरिया, भंगिन आदि शब्द प्रयोग करती हैं, जैसे—

जा रांड (जिसका पति न हो) नाईं मानयै।
बा तो कुत्तिया सी छुछयात राहत।

महिलाएँ पुरुषों और बच्चों के लिए ठठरी बाँधो, नाट, ल्हास काटो, मरी परो, नठिआ (जिसका कोई न हो), नट, विड़िया, कंजर, भंगी आदि अपशब्द प्रयोग करती हैं।

ठठरी बाँधो धोके में ठग ले गओ।
मरीपरो ऊसईं गारीं दे रहो।
भंगी को जियाओ कछु काम करू।
नठिआ रुपया लेकें भजगओ।

इटावा जनपद की सीमावर्ती बोलियों में प्रयुक्त अपशब्दों में भाई-भाई को तथा भाई-बहन को और पुत्र-माँ को अपशब्द स्वाभाविक रूप से (बिना शब्दों के अर्थ को समझे) प्रयुक्त करते हैं। समाज में समझी जाने वाली छोटी जातियों को अपशब्द के रूप में प्रयोग करते हैं।

इटावा जनपद की सीमावर्ती बोलियों का भाषा-वैज्ञानिक अध्ययन सहयोगी बंधु

क्र.सं.	नाम	गाँव	तहसील	सीमा
1.	श्री भगवान सिंह	असरोई	सदर	आगरा, फिरोजाबाद
2.	श्री कमलेश	नगला राम सुंदर	सदर	आगरा, फिरोजाबाद
3.	श्री राम नरेश शर्मा	बाउथ	सदर	आगरा, फिरोजाबाद
4.	श्री रमेश राजपूत	सिरसा की मड़ियन	सदर	आगरा, फिरोजाबाद
5.	श्री जगदीशजी	मुरोंग्न	सदर	मध्य प्रदेश-आगरा सीमा
6.	श्री राम प्रकाश	मुरोंग्न	सदर	मध्य प्रदेश-आगरा सीमा
7.	श्री विनोद भदौरिया	गढ़िया	बाह	आगरा
8.	श्री श्यामबाबू दीक्षित	गद्दीपालपुरा	बाह	आगरा
9.	श्री राम प्रकाश	बढ़पुरा मडिंयन	सदर	मध्य प्रदेश सीमा
10.	श्री मायानंदन यादव	बढ़पुरा	सदर	मध्य प्रदेश सीमा
11.	श्री शैलेंद्र सिंह भदौरिया	उदी	सदर	मध्य प्रदेश सीमा
12.	श्री रज्जन सिंह	उदी मोड़	सदर	मध्य प्रदेश सीमा
13.	श्री मास्टर महेश राजपूत	विठौली	सदर	मध्य प्रदेश सीमा
14.	श्री चंद्रशेखर चौधरी	सहसौं	भरथना	मध्य प्रदेश सीमा
15.	श्री सज्जन सिंह	सिंडोस	भरथना	मध्य प्रदेश सीमा
16.	सुरेंद्र दीक्षित	आसई	भरथना	मध्य प्रदेश सीमा
17.	श्री हरिभान सिंह	अटा	भरथना	मध्य प्रदेश सीमा
18.	डॉ. राजेश चौहान	हनमंतपुर चौराहा	भरथना	मध्य प्रदेश सीमा
19.	श्री सुरेश व्यास	राजेपुर	भरथना	भिंड जालौन

20. श्री महावीर सिंह यादव	कालेश्वर की गढ़िया	औरैया	जालौन-मध्य प्रदेश
21. श्री श्याम सिंहजी	गढ़ी मंगदपुर	औरैया	जालौन-मध्य प्रदेश
22. श्री गजेंद्र सिंह सेंगर	ततारपुर	औरैया	जालौन-मध्य प्रदेश
23. श्री कुँअर सिंह कठेरिया	नगरा बनारस	औरैया	जालौन-मध्य प्रदेश
24. श्री सुघर सिंह	बीघलपुर	औरैया	जालौन-मध्य प्रदेश
25. श्री रमेश चंद	सिहोली	औरैया	जालौन-मध्य प्रदेश
26. श्री प्रशांत कुमार	जैतपुर	भरथना	जालौन-मध्य प्रदेश
27. कु. गायत्री	क्योंटरा	औरैया	कानपुर, जालौन, भिंड
28. श्री गजेंद्र सिंह	क्योंटरा	औरैया	कानपुर, जालौन, भिंड
29. श्री बलराम सिंह	भड़ारीपुर	औरैया	कानपुर देहात
30. श्री विकास	बहादुरपुर	औरैया	कानपुर देहात
31. श्री वीर सिंह गौड़	जोंरा	औरैया	कानपुर देहात
32. डॉ. दयाशंकर केवट	सोंधेमऊ	औरैया	कानपुर देहात
33. श्री संजय कुमार	कंचौरी गाँव	औरैया	कानपुर देहात
34. श्री राम गोविंद त्रिपाठी	ककोउ	औरैया	कानपुर देहात
35. कु. सीमा अवस्थी	कंचौसी स्टेशन	औरैया	कानपुर देहात
36. श्री बेटालाल कठेरिया	जेष्ठापुर	पुखरायाँ	कानपुर देहात
37. श्री संतोष कुमार	कमलपुर	पुखरायाँ	कानपुर देहात
38. श्री आनंद माधव अवस्थी	कंचौसी	औरैया	कानपुर देहात
39. श्री रविकांत कुशवाह	मधवापुर	औरैया	कानपुर देहात
40. श्री चंदन सिंह भदौरिया	सिक्खू	विधूना	कानपुर देहात
41. श्री अजय	झबरा	विधूना	कानपुर देहात
42. श्री सुभाष चंद	लहरापुर	विधूना	कानपुर देहात
43. डॉ. नगेंद्रजी	नवीं मोहन	विधूना	कानपुर देहात
44. श्री रामकिशन कठेरिया	उपरेंगा	विधूना	कानपुर देहात
45. श्री सुदामा अंबेडकर	धुपकरी	विधूना	कानपुर देहात
46. श्री जयराम सिंह वर्मा	याकूबपुर	विधूना	कानपुर देहात
47. श्री महेश	खादसपुर	विधूना	फर्रूखाबाद, कानपुर
48. श्री प्रदीप कुमार	वेला	विधूना	फर्रूखाबाद, कानपुर
49. श्री रामसेवक	कुलासर	विधूना	फर्रूखाबाद, कानपुर
50. श्री मुनींद्र सिंह	मऊ	विधूना	फर्रूखाबाद, कानपुर
51. श्री राजेंद्र यादव	नगला वंधा	विधूना	फर्रूखाबाद, कानपुर

52.	मैकूलाल	सोंथना	विधूना	फर्रूखाबाद, कानपुर
53.	श्री चंद्र प्रकाश	सिंहपुरा	विधूना	मैनपुरी
54.	श्री संतोष कुमार उपाध्याय	ओढमपुर	सदर	मैनपुरी

सहायक ग्रंथ-सूची

1. डॉ. अनंत चौधरी – 'नागरी लिपि और हिंदी वर्तनी'
2. सं. डॉ. अश्वघोष – 'भाषा विज्ञान एवं हिंदी भाषा का विकास'
3. अवधेश्वर 'अरुण' – 'हिंदी भाषा का स्वरूप और विकास'
4. डॉ. अजित नारायण सिंह तोमर – 'तुलसी रचनाओं का भाषा विवेचन'
5. डॉ. अजय प्रकाश – 'हिंदी भाषा के विकास का सामान्य ज्ञान'
6. डॉ. इंद्रनाथ शास्त्री – 'पालि भाषा और साहित्य'
7. इंदिरा नूपुर – 'भाषा शिक्षण के कुछ नए विचार'
8. डॉ. उदय नारायण तिवारी – 'भाषा विज्ञान का संक्षिप्त परिचय'
9. डॉ. उषा चौधरी – 'मुरादाबाद जिले के स्थानों, नामों का भाषा वैज्ञानिक अध्ययन'
10. डॉ. उदय नारायण तिवारी – 'अभिनव भाषा विज्ञान'
11. डॉ. उदय नारायण तिवारी – 'भाषा शास्त्र की रूपरेखा'
12. डॉ. ओउम शिवराज – 'भाषा और मनुष्य'
13. ओउम प्रकाश शर्मा – 'हिंदी भाषा : प्रयोग के स्तर'
14. डॉ. कमला शंकर तिवारी – 'हिंदी भाषा व्याकरण और लिपि'
15. डॉ. कैलाश तिवारी – 'हिंदी और उसकी विविध बोलियाँ'
16. डॉ. कृपाशंकरसिंह–चतुर्भुज सहाय–'आधुनिक भाषा विज्ञान'
17. डॉ. कृपानारायण पाठक – 'इटावा जनपद के हजार साल'
18. डॉ. कन्हैया लाल शर्मा – 'हिंदी भाषा एवं नागरी लिपि का विकास'
19. डॉ. कैलाश नाथ मिश्र – 'पालि भाषा एवं साहित्य'
20. डॉ. कैलाश चंद्र भाटिया – 'भारतीय भाषाएँ'
21. डॉ. कामिनी – 'बुंदेली भाषा क्षेत्र के स्थान अभिधानों का भाषा वैज्ञानिक अध्ययन'
22. गुणाकार मुले – 'भारतीय लिपियों की कहानी यत्रस्य'
23. गोविंद झा – 'मैथिली भाषा का विकास'
24. डॉ. गुणानंद जुआल – 'हिंदी भाषा का उद्‌भव और विकास'
25. डॉ. चतुर्वेदी एवं दिनेश – 'भाषा विज्ञान'

26. डॉ. चंद्रभान रावत – 'मथुरा जिले की बोली'
27. जे.सी. रदरकोट – 'अनुवाद का भाषिक सिद्धांत'
28. डॉ. जगदीश प्रसाद कौशिक – 'भाषा वैज्ञानिक निबंध'
29. डॉ. द्वीम शित्व – 'हिंदी व्याकरण'
30. टी.पी. मीनाक्षी सुंदरम् – 'तमिल भाषा का इतिहास'
31. डॉ. त्रिलोकी नाथ सिंह – 'सुगम भाषा विज्ञान'
32. डॉ. द्वारका प्रसाद सक्सेना – 'हिंदी भाषा का विकासात्मक इतिहास'
33. दान बहादुर पाठक – 'भाषा विज्ञान'
34. सं.डॉ.नगेंद्र–रवींद्रनाथ श्रीवास्तव– 'भाषाशास्त्र के सूत्राधार'
35. डॉ. नगेंद्र – 'शैली विज्ञान'
36. पांडेय आशा – 'हिंदी विज्ञापनों की भाषा'
37. पीतांबर सरोदे – 'सुबोध भाषा विज्ञान'
38. डॉ. बच्चू लाल अवस्थी 'ज्ञान' – 'ध्वनि सिद्धांत तथा तुलनीय साहित्य चिंतन'
39. बेजिमल लीव्होर्क – 'भाषा विचार और वास्तविकता'
40. डॉ. बाबूराम सक्सेना – 'अवधी का विकास'
41. बै. वेंकटरमण – 'भाषा–विज्ञान और भाषा–शिक्षण'
42. डॉ. भोलानाथ तिवारी – 'हिंदी भाषा का संक्षिप्त इतिहास'
43. डॉ. भोलानाथ तिवारी मुकुल प्रियदर्शनी– 'हिंदी भाषा की सामाजिक भूमिका'
44. डॉ. भोलानाथ तिवारी – 'हिंदी भाषा'
45. डॉ. भोलानाथ तिवारी – 'भाषा हिंदी कोष'
46. डॉ. भोलानाथ तिवारी – 'भाषा–विज्ञान'
47. डॉ. भोलानाथ तिवारी – 'शब्दों का जीवन हिंदी भाषा का सरल व्याकरण'
48. डॉ. भोलानाथ तिवारी – 'विदेशी भाषाओं से अनुवाद की समस्याएँ'
49. डॉ. भोलानाथ तिवारी – 'राजभाषा और हिंदी'
50. डॉ. भोलानाथ तिवारी एवं सिंह कमल – 'संपर्क भाषा हिंदी'
51. डॉ. भोलानाथ तिवारी – 'हिंदी और भारतीय भाषायें, भाषा और संस्कृति'
52. महंत आनंद कौशल्यायन – 'पालि हिंदी कोश'
53. भुवनेश्वरी चरण सक्सैना – 'सरल भाषा विज्ञान'
54. डॉ. महेश प्रसाद जयसवाल – 'आधुनिक भाषा विज्ञान का इतिहास'

55. डॉ. भदंत आनंद कौशल्यायन – 'सिंहल भाषा और साहित्य'
56. डॉ. मुंशीराम शर्मा – 'हिंदी भाषा सर्वेक्षण', भाग–1
57. डॉ. मुंशीराम शर्मा – 'हिंदी भाषा सर्वेक्षण', भाग–2
58. डॉ. मंगल बिहारी शरण – 'सिंघों की संख्या भाषा'
59. सं.डॉ. याकूब मसीह – 'भाषा सत्य और तर्क'
60. यज्ञदत्त शर्मा – 'हिंदी भाषा का रचनात्मक व्याकरण'
61. रामनाथ शर्मा – 'हिंदी भाषा का इतिहास : 17वाँ संस्करण'
62. डॉ. रामगोपाल शर्मा 'दिनेश' – 'अपभ्रंश भाषा का व्याकरण और साहित्य'
63. आर.पी. भटनागर – 'आधुनिक भाषा विज्ञान की भूमिका'
64. आर.एन. रोबिंस – 'सामान्य भाषिकी'
65. प्रो. राजकुमार शर्मा – 'भाषा विज्ञान का सिद्धांत'
66. डॉ. रामदेव त्रिपाठी – 'हिंदी भाषानुशासन'
67. प्रो. राजकुमार शर्मा – 'हिंदी भाषा एवं देवनागरी लिपि का इतिहास'
68. रवींद्र श्रीवास्तव– डॉ. भोलानाथ तिवारी – 'हिंदी भाषा संरचना और प्रयोग'
69. डॉ. राज किशोरजी – 'हिंदी भाषा का विकास एवं नागरी लिपि'
70. डॉ. राजेश्वर प्रसाद चतुर्वेदी – 'हिंदी भाषा का इतिहास'
71. राजकमल और गणेश अण्टेकर – 'हिंदी भाषा की वाक्य संरचना'
72. राधाकृष्ण सहाय – 'भाषा संदर्भ और साहित्य'
73. डॉ. रामस्वरूप चतुर्वेदी – 'आगरा जिले की बोली'
74. डॉ. रामगोपाल शर्मा 'दिनेश' – 'हिंदी भाषा और उसका इतिहास'
75. रामविलास शर्मा – 'भारत के प्राचीन भाषा परिवार और हिंदी'
76. डॉ. लक्ष्मीकांत पांडेय – 'भाषा विज्ञान तथा हिंदी भाषा का विकास'
77. लाल लक्ष्मी नारायण – 'असत्य भाषा'
78. डॉ. लक्ष्मण प्रसाद सिन्हा – 'हिंदी भाषा का सर्वनाम विश्लेषण'
79. डॉ. विद्या निवास मिश्र – 'भारतीय भाषा : शास्त्रीय चिंतन'
80. डॉ. एस.एम. काते – 'प्राकृत भाषाएँ एवं उनका भारतीय संस्कृति में अपदान'
81. डॉ. सीता किशोर – 'दतिया जिले की बोली में सर्वनाम, अव्यय और कारक चिह्न'
82. डॉ. शंकर शेष – 'छत्तीसगढ़ी का भाषा शास्त्रीय अध्ययन'
83. डॉ. शैलेंद्र मोहन झा – 'ब्रजबोली साहित्य'

84. डॉ. सीताराम – 'भाषा विज्ञान तथा हिंदी भाषा का वैज्ञानिक अध्ययन'
85. संकलन 'गांधी शताब्दी' – 'भारतीय भाषाओं के साहित्य का संक्षिप्त परिचय'
86. संकलन 'गांधी शताब्दी' – 'हिंदी भाषा विज्ञान अंक'
87. संकलन 'गांधी शताब्दी' – 'देवनागरी की अभ्यास पुस्तिका'
88. संकलन 'गांधी शताब्दी' – 'पालि भाषा और साहित्य'
89. डॉ. सूर्यदेव शास्त्री – 'मनोविश्लेषण और भाषा'
90. डॉ. सुधाकर कालवडे – 'भाषा विज्ञान एवं हिंदी भाषा'
91. डॉ. शिवबालक द्विवेदी – 'भाषा विज्ञान'
92. सुनीत कुमार चटर्जी – 'भारतीय आर्य भाषा और हिंदी'
93. डॉ. सत्येंद्र – 'ब्रज साहित्य का इतिहास'
94. डॉ. हरदेव बाहरी – 'ग्रामीण हिंदी बोलियाँ'
95. डॉ. हरदेव बाहरी – 'हिंदी उद्‌भव, विकास और रूप'

□□□